Clár Gaeilge do Rang a Trí

Martina Ní Fhátharta * Seán de Brún

An Comhlacht Oideachais

An Comhlacht Oideachais
Bóthar Bhaile an Aird
Baile Uailcín
Baile Átha Cliath 12
www.edco.ie

Ball den Smurfit Kappa ctp

© Martina Ní Fhátharta, Seán de Brún 2018

Gach ceart ar cosaint. Ní ceadmhach aon chuid den fhoilseachán seo a atáirgeadh, a stóráil i gcóras aisghabhála ná a tharchur ar aon mhodh nó slí, bíodh sin leictreonach, meicniúil, bunaithe ar fhótachóipeáil, ar thaifeadadh nó eile gan cead a fháil roimh ré ón bhfoilsitheoir nó ceadúnas a cheadaíonn cóipeáil shrianta in Éirinn arna eisiúint ag Gníomhaireacht um Cheadúnú Cóipchirt na hÉireann, 63 Sráid Phádraig, Dún Laoghaire, Baile Átha Cliath, A96 WF25.

ISBN: 978-1-84536-800-5

Clúdach: Design Image (www.designimage.ie)
Dearadh agus clóchur: Design Image
Eagarthóir: Aoife Barrett (www.barrettediting.ie)
Obair ealaíne: Kim Shaw Illustrations (www.kimshaw.ie)
Grianghraif: *Lch. 63:* Shutterstock.com 791722891, Pascal Vosicki; iStockphoto.com 534189926 Sergey_Krasnoshchokov; *Lch. 64:* iStockphoto.com 462177755, EEI_Tony; Shutterstock.com 324686297, Vladimir Melnik; Shutterstock.com 1045623079, Procy; *Lch. 136:* Shutterstock.com 222578797, thodonal88; iStockphoto.com 168635719, deepblue4you; iStockphoto.com 134729893, dandanian; iStockphoto.com 636787832, chasdesign.

Cóipcheart
Gabhaimid buíochas leo seo a leanas a thug cead dúinn ábhar dá gcuid a úsáid sa leabhar seo: 'Shiúil mé' le Máiréad Ní Ghráda, as *Fuinneoga Geala*, F. Longman, Brown and Nolan; 'Ruairí Rón', 'An Port', 'An Luchóg', 'Neilí an Bhó' le Treasa Ní Ailpín, as *Sonas is Só*, An Gúm, 2002; 'Na hAinmhithe' le C. Mac Lochlainn, 'An Sneachta' le S. Ó Finneadha, 'An Nollaig' le Lionaird Ó hAnnaidh, 'Seol amach an Geimhreadh' as *Dánta Bunscoile 1*, Folens; 'Mo Lá Breithe' as *Séideán Sí*, An Gúm; 'Oisín agus Bó' as *Trup, Trup, a Chapaillín*, Amhráin do Pháistí Cantairí óga, Bhaile Átha Cliath; 'Bláthanna', 'Tithe' leis An tSiúr Colmcille as *Dánta Bunscoile 1*, Folens; 'Coc-a-dúdal-dú!' le Gabriel Rosenstock; 'An Sorcas/Tá an sorcas ag teacht!' le Muiris Ó Ríordáin as *Póca Filíochta*, Aonad Forbartha Curaclaim, 1993; 'An Fathach Fíochmhar' as *Séideán Sí Leabhar an Oide C*, An Gúm.

Clár

Réamhrá v

Mé Féin 1

An Aimsir – An Fómhar 19

An Scoil 24

Ócáidí Speisialta – Oíche Shamhna 39

Bia 44

An Aimsir – An Geimhreadh 57

Ócáidí Speisialta – An Nollaig 65

An Aimsir 71

Caitheamh Aimsire 76

An Aimsir – An tEarrach 91

Éadaí 95

Sa Bhaile 107

An Teilifís 124

Siopadóireacht 136

Ócáidí Speisialta – Lá 'le Pádraig 148

Ócáidí Speisialta – An Cháisc 151

An Aimsir – An Samhradh 154

Dul Siar 159

Réamhrá

Fáilte go *Bua na Cainte 3*, clár spreagúil teicneolaíochta Gaeilge do rang a trí a chabhraíonn leis an bpáiste torthaí foghlama *Churaclam Teanga na Bunscoile* a bhaint amach. Sa chlár nuálach seo, baintear leas as an teicneolaíocht chun suim an pháiste a mhúscailt sa Ghaeilge. Is clár grádaithe, céimnithe é agus tógtar ar an mbunchloch a leagadh sa chlár *Bua na Cainte 2*. I leabhar an pháiste tá gníomhaíochtaí oideachasúla den chéad scoth a chabhróidh leis an bpáiste an teanga a chleachtadh agus a úsáid i gcomhthéacsanna difriúla.

Múintear na snáitheanna, teanga ó bhéal, léitheoireacht agus scríbhneoireacht ar bhealach comhtháite. Tá an phríomhbhéim ar labhairt na Gaeilge ach forbraítear cumas léitheoireachta agus scríbhneoireachta an pháiste chomh maith trí ghníomhaíochtaí tarraingteacha léitheoireachta agus scríbhneoireachta bunaithe ar na ceachtanna comhrá.

Úsáidtear an leabhar mar scafall chun na páistí a spreagadh chun obair bheirte a dhéanamh. Tá an t-ábhar bunaithe ar réimse spéise na bpáistí agus tá go leor deiseanna ann dóibh dul i mbun cainte faoina dtaithí phearsanta féin.

Tá an-bhéim ar fheasacht teanga an pháiste a fhorbairt ar bhealach spraíúil, tarraingteach i gcomhthéacsanna réalaíocha. Tugtar deiseanna do na páistí orduithe a thabhairt, ceisteanna a chur agus a fhreagairt agus abairtí a tháirgeadh sna haimsirí éagsúla trí leas a bhaint as réimse leathan cluichí agus gníomhaíochtaí.

Tá éagsúlacht mhór amhrán, dánta agus scéalta traidisiúnta agus nua-aimseartha sa leabhar seo chun spéis na bpáistí a mhúscailt sa Ghaeilge agus i gcultúr na Gaeilge, chun saibhreas Gaeilge a mhúineadh dóibh agus chun dúil an pháiste a spreagadh sa léitheoireacht agus sa scríbhneoireacht. Tá raon gníomhaíochtaí bunaithe ar na scéalta chun dúshlan a thabhairt dóibh agus chun na páistí a mhealladh chun dul i mbun cainte agus scríbhneoireachta faoi na scéalta.

Is cuid den chlár nuálach teicneolaíochta *Bua na Cainte 3* é an leabhar seo. Tacaíonn na gníomhaíochtaí cainte, léitheoireachta agus scríbhneoireachta sa leabhar leis an teanga a múineadh le cabhair na teicneolaíochta. Is cóir an clár teicneolaíochta, leabhar an mhúinteora agus leabhar an pháiste a úsáid i dteannta a chéile chun an tairbhe is fearr a bhaint as an gclár.

Go mbaine na páistí taitneamh agus tairbhe as an gclár *Bua na Cainte 3*.

Aonad 1 Ceacht 1

Aonad 1 — Mé Féin

Bí ag Léamh

Oisín is ainm dó.

Ruairí is ainm dó.

Liam is ainm dó.

Niamh is ainm di.

Róisín is ainm di.

Ciara is ainm di.

Obair Bheirte

1 Cad is ainm duit?
   Luke is ainm dom.

2 Cad is ainm dó?
   Oisín is ainm _dó_.

3 Cad is ainm dó?
   Ruairí is ainm _dó_.

4 Cad is ainm di?
   Niamh is ainm _di_.

5 Cad is ainm di?
   _Róis_____.

6 Cad is ainm dó?
   _____.

1

Aonad 1 Ceacht 2

 Bí ag Léamh

Cé hé sin?

Sin é Ruairí.   Sin é Oisín.   Sin é Liam.   Sin é Daidí.

Cé hí sin?

Sin í Róisín.   Sin í Niamh.   Sin í Mamaí.   Sin í Ciara.

 Obair Bheirte

1 Cé hé sin?
   Sin _____.

2 Cé hé sin?
   Sin _____.

3 Cé hí sin?
   Sin _____.

4 Cé hí sin?
   Sin _____.

5 Cé hé sin?
   _____.

6 Cé hí sin?
   _____.

7 Cé hí sin?
   _____.

8 Cé hé sin?
   _____.

2

Dilín Ó Deamhas

Dilín ó deamhas, ó deamhas,
Dilín ó deamhas, ó dí.
Dilín ó deamhas, ó deamhas, ó deamhas.
Ó dilín ó deamhas ó dí.

Caithfimid suas, is suas.
Caithfimid suas an páiste.
Caithfimid suas, is suas is suas.
Is tiocfaidh sí anuas amárach.

Cuirfead mo rún chun suain.
Cuirfead mo rún ina luí.
Cuirfead mo rún chun suain go ciúin.
Le dilín ó deamhas ó dí.

Scríobh an t-amhrán i do chóipleabhar.
Tarraing Mamaí.
Tarraing an páiste.

Aonad 1 Ceacht 3

Bí ag Léamh

Spraoi le Briathra

Ordú	
Tú	Sibh
	aigí
Tóg	Tóg____
Ól	Ól____
Glan	Glan____
Dún	Dún____
Féach	Féach____

Bí ag Scríobh

1 Tóg amach an bosca lóin.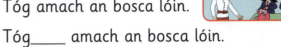
   Tóg____ amach an bosca lóin.

2 Ól deoch.
   Ól____ deoch.

3 Dún an doras.
   Dún____ an doras.

4 Glan an bord.
   Glan____ an bord.

5 Féach ar an gclár bán.
   Féach____ ar an gclár bán.

Obair Bheirte

1

____ amach na leabhair.

2

____ deoch.

3

____ an doras.

4

____ an bord.

Aonad 1 Ceacht 4

Léigh an Scéal — An Luch

Bhí an múinteoir agus na páistí sa seomra ranga.

Bhí siad ag léamh.

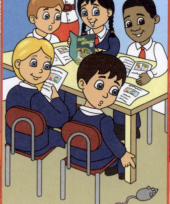
Chonaic Oisín luch.

Bhéic Oisín.

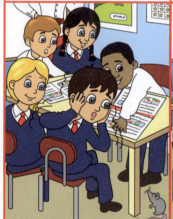
Bhí eagla an domhain air.

Léim sé ar an gcathaoir.

Rith an luch isteach i bpoll.

Thosaigh na páistí ag gáire.

Scríobh an Scéal — An Luch

_____ an múinteoir agus na páistí sa seomra ranga.

_____ siad ag léamh.

_____ Oisín luch.

_____ Oisín.

_____ eagla an domhain air.

_____ sé ar an gcathaoir.

_____ an luch isteach i bpoll.

_____ na páistí ag gáire.

Aonad 2 — Mé Féin

Aonad 2 Ceacht 1

Bí ag Léamh

Is mise Ruairí.
Tá mé naoi mbliana d'aois.
Tá mo chuid gruaige fionn.
Tá mo chuid gruaige gearr.

Níl mo chuid gruaige fada.
Tá mo chuid gruaige díreach.
Níl mo chuid gruaige catach.
Tá mo shúile gorm.

Obair Bheirte

1 Cé tusa?
   Is mise _____.

2 An bhfuil do chuid gruaige díreach?
   ___ mo chuid gruaige _____.

3 Cén aois thú?
   Tá mé _____ mbliana d'aois.

4 An bhfuil do chuid gruaige catach?
   ___ mo chuid gruaige _____.

5 Cén dath atá ar do chuid gruaige?
   Tá mo chuid gruaige _____.

6 Cén dath atá ar do shúile?
   Tá mo shúile _____.

7 An bhfuil do chuid gruaige fada?
   ___ mo chuid gruaige _____.

8 An bhfuil do shúile donn?
   _____.

 fionn    dubh    gorm    donn    glas

 gearr    fada    catach    díreach

7

Aonad 2 Ceacht 1

Shiúil mé

Shiúil mé agus shiúil mé

agus shiúil mé liom féin.

Chonaic mé capall

agus chonaic mé carr.

Chonaic mé crann

agus nead ar a bharr.

Chonaic mé cat

agus chonaic mé cú.

Chonaic mé moncaí

thuas ag an zú.

Chonaic mé eala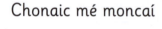

agus chonaic mé gé.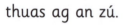

Chonaic mé tarbh

agus chonaic sé mé.

Sin deireadh mo scéil.

Scríobh an dán i do chóipleabhar.
Tarraing an pictiúr.

✏️ Bí ag Scríobh

1 Chonaic mé _____.   2 Chonaic mé _____.

3 Chonaic mé _____.   4 Chonaic mé _____.

5 Chonaic mé _____.   6 Chonaic mé _____.

7 Chonaic mé _____.   8 Chonaic mé _____.

8

Bí ag Léamh

Spraoi le Briathra

Ordú	
Tú	**Sibh**
	igí
Rith	Rith____
Léim	Léim____
Caith	Caith____
Beir	Beir____

Bí ag Scríobh

1 Léim go hard.
   Léim____ go hard.

2 Rith go tapa.
   Rith____ go tapa.

3 Caith an liathróid.
   Caith____ na liathróidí.

4 Beir ar an liathróid.
   Beir____ ar na liathróidí.

Bí ag Léamh

Oisín is ainm dom.
Tá cúigear i mo chlann.
Níl aon deartháir agam.
Tá beirt deirfiúracha agam.

Róisín is ainm dom.
Tá ceathrar i mo chlann.
Níl aon deirfiúr agam.
Tá deartháir amháin agam.
Ruairí is ainm dó.

 Obair Bheirte

1 An mó duine atá i do chlann?
   Tá _____ i mo chlann.

2 An mó deartháir atá agat?

3 An mó deirfiúr atá agat?

 Bí ag Scríobh

1 Tá _____ deirfiúracha agam. (4)

2 Tá _____ deirfiúracha agam. (3)

3 Tá _____ deirfiúracha agam. (2)

4 Tá _____ deirfiúracha agam. (6)

5 Tá _____ deirfiúracha agam. (5)

duine amháin	beirt	triúr	ceathrar	cúigear

seisear	seachtar	ochtar	naonúr	deichniúr

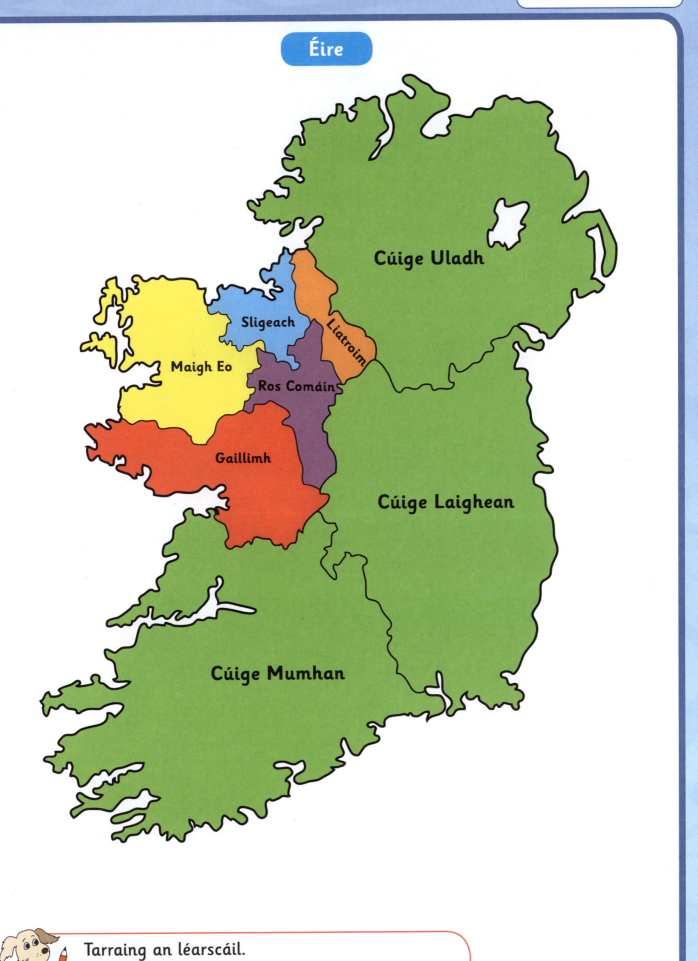

Tarraing an léarscáil.
Scríobh ainm gach contae i gCúige Chonnacht.

Aonad 3 Ceacht 1

Timpiste sa chlós

Bí ag Scríobh

1 Ghortaigh mé _____.
2 Ghortaigh mé _____.
3 Ghortaigh mé _____.
4 Ghortaigh mé _____.
5 Ghortaigh mé _____.
6 Ghortaigh mé _____.
7 Ghortaigh mé _____.
8 Ghortaigh mé _____.

mo bholg — mo ghualainn — mo dhroim — mó cheann

mo ghlúin — mo lámh — mo chos — mo shúil

Timpiste

Thit Niamh sa chlós. | Ghortaigh sí a cos. | Chuir Róisín fios ar an múinteoir.

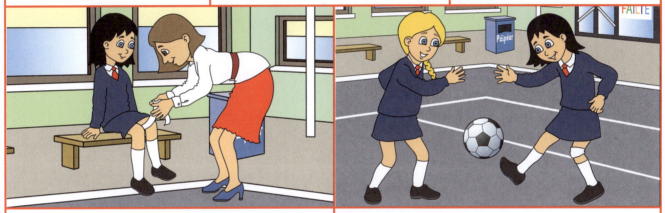

Chuir an múinteoir bindealán ar a cos. | Bhí biseach ar Niamh ansin.

 Obair Bheirte

1. Cé a thit sa chlós?
2. Ar ghortaigh Róisín a cos?
3. Ar ghortaigh an múinteoir a cos?
4. Ar ghortaigh Róisín a lámh?
5. Ar ghortaigh Róisín a bolg?
6. Ar ghortaigh Róisín a droim?
7. Cé a chuir fios ar an múinteoir?
8. Cé a chuir bindealán ar a cos?

Aonad 3 Ceacht 2

Ruairí Rón

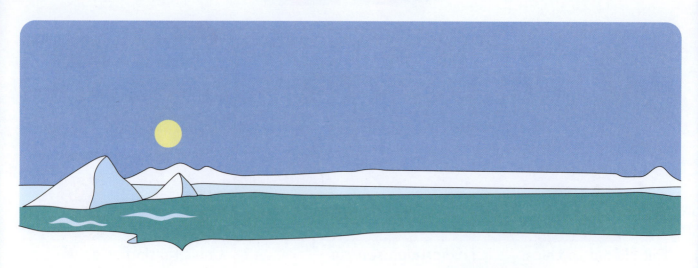

Ruairí Rón,
Bhris sé a shrón:
Deora móra –
'Och, ochón!'

Éist, a Ruairí,
Éist, a stór!
Chuir Mamó fios
Ar an Turtar Mór.

Beidh sé anseo
Faoi cheann uair nó dhó,
Is cuirfidh sé cóir ort,
A stóirín ó.

Scríobh an dán i do chóipleabhar.
Tarraing Mamó.
Tarraing an turtar.
Tarraing Ruairí Rón sa leaba.

Suimeanna Focal

1.  Dún + aigí = Dúnaigí.
2. 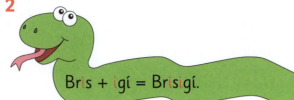 Bris + igí = Brisigí.
3. 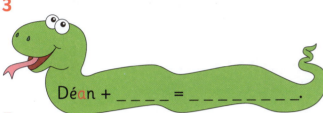 Déan + ____ = _____.
4. 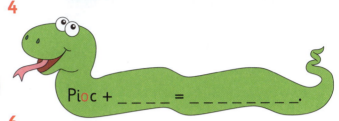 Pioc + ____ = _____.
5. 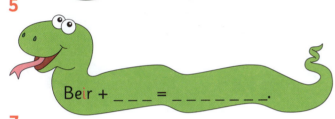 Beir + ___ = _____.
6. 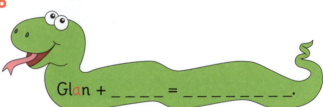 Glan + ____ = _____.
7. 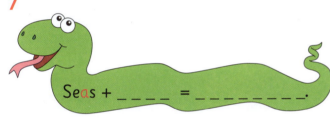 Seas + ____ = _____.
8. 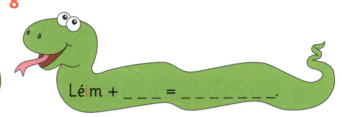 Léim + ___ = _____.

Spraoi le Briathra

Ordú	
Tú	Sibh — igí aigí
Dún	_____
Cuir	_____
Seas	_____
Pioc	_____
Déan	_____
Rith	_____

Ordú	
Tú	Sibh — igí aigí
Beir	_____
Caith	_____
Léim	_____
Bris	_____
Ól	_____
Glan	_____

Aonad 3 Ceacht 4

 # An Nuacht

Meán Fómhair atá ann.
Tá an aimsir go hálainn.
Róisín is ainm dom.
Tá mo chuid gruaige fionn agus fada.
Tá mo shúile gorm.
Tá ceathrar i mo chlann.
Tá deartháir amháin agam.
Ruairí is ainm dó.
Níl aon deirfiúr agam.

 Bí ag Scríobh An Nuacht

 Suimeanna Focal

_____ _____ atá ann.

Tá an aimsir _____ _____.

_____ is ainm dom.

Tá mo chuid gruaige _____ agus _____.

Tá mo shúile _____.

Tá _____ i mo chlann.

_____ deartháir agam.

_____ deirfiúr agam.

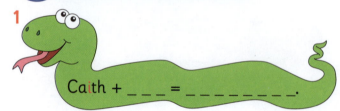
1 Caith + ___ = _____.

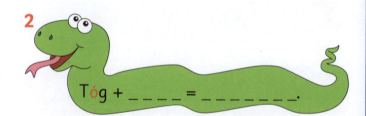
2 Tóg + ____ = _____.

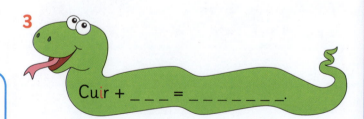
3 Cuir + ___ = _____.

 ceathrar   cúigear   seisear

 fionn   dubh   gorm   donn

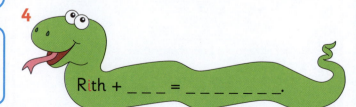
4 Rith + ___ = _____.

An Leon agus an Luch

Tarraing an pictiúr.
Scríobh na focail in aice leis na pictiúir.

Scéal

 Bí ag Scríobh

1 'Tá mé i bponc,' arsa ___ _____.

2 'Tá mé i bponc,' arsa ___ _____.

3 'Tá mé i bponc,' arsa ___ _____.

4 'Tá mé i bponc,' arsa ___ _____.

5 'Tá mé i bponc,' arsa ___ _____.

an cú   an turtar   an luch   an rón   an leon

 Bí ag Scríobh

1 'Cabhraigh liom,' arsa ___ _____.

2 'Cabhraigh liom,' arsa ___ _____.

3 'Cabhraigh liom,' arsa ___ _____.

4 'Cabhraigh liom,' arsa ___ _____.

5 'Cabhraigh liom,' arsa ___ _____.

an eala   an capall   an cat   an moncaí   an tarbh

An Fómhar

Ceacht 1

  Bí ag Léamh

Tarraing an féilire i do chóipleabhar agus scríobh an dáta.

Ceacht 2

An Fómhar

Obair Bheirte

1. Cá bhfuil an t-iora rua?
2. Cá bhfuil an sciathán leathair?
3. Cá bhfuil an ghráinneog?
4. Cá bhfuil an broc?
5. Cá bhfuil an phéist?
6. Cá bhfuil an sionnach?

Tarraing pictiúr.

1. Tarraing crann cnó capaill.
2. Tarraing iora rua ar an gcrann.
3. Tarraing sciathán leathair ar an gcrann.
4. Tarraing broc in aice leis an gcrann.
5. Tarraing sionnach in aice leis an gcrann.
6. Tarraing péist ar an talamh.
7. Tarraing cnónna ar an talamh.
8. Tarraing duilleoga ar an talamh.

An Damhán Alla

An fómhar a bhí ann.	Bhí damhán alla ar an mballa.
Tháinig éan.	D'ith an t-éan an damhán alla.

 Obair Bheirte

1 Cén séasúr a bhí ann?
2 Cad a bhí ar an mballa?
3 Cad a tháinig?
4 Ar ith an t-éan an damhán alla?
5 Ar ith an damhán alla an t-éan?

 Scríobh an Scéal An Damhán Alla

An Damhán Alla

An ___ a bhí ann.

Bhí ___ ___ ar an mballa.

Tháinig ___.

D'ith an t-éan ___ ___ ___.

Ceacht 4

Léigh an Scéal — An tIora Rua

Seo iora rua. Tá an t-iora rua sa choill.

Tá sé ag obair go dian.

Tá sé ag bailiú cnónna.

Tá sé ag ithe cnónna freisin.

Tá a eireaball an-mhór.

Is maith liom an t-iora rua.

Scríobh an Scéal — An tIora Liath

Seo iora liath. Tá an t-iora ___ sa ___.

Tá sé ag ___ go ___.
Tá sé ag ___ cnónna.

Tá sé ag cur ___ i bpoll don gheimhreadh.

Tá sé ag ___ cnónna freisin.

Tá a ___ an-mhór.

Is maith liom an t-iora ___.

An Fómhar – Scéal

Spórt sa Choill

 Bí ag Scríobh

1 Rith ____ ar nós na gaoithe.

2 Rith ____ ar nós na gaoithe.

3 Rith ____ ar nós na gaoithe.

4 Rith ____ ar nós na gaoithe.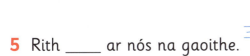

5 Rith ____ ar nós na gaoithe.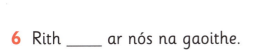

6 Rith ____ ar nós na gaoithe.

7 Rith ____ ar nós na gaoithe.

8 Rith ____ ar nós na gaoithe.

9 Rith ____ ar nós na gaoithe.

10 Rith ____ ar nós na gaoithe.

an damhán alla	an t-éan	an ghráinneog	an leon	an t-iora rua

an sionnach	an luch	an cú	an gabhar	an tarbh

Aonad 1 Ceacht 1

Aonad 1 — An Scoil

Bí ag Léamh

Tá peann **agam**.   Tá mála scoile **agat**.   Tá rialóir **aige**.   Tá leabhar **aici**.

mé: agam
tú: agat
sé: aige
sí: aici

Líon na Bearnaí

1 mé: Tá peann ____.   2 tú: Tá mála scoile ____.

3 sé: Tá rialóir ____.   4 sí: Tá bioróir ____.

5 Ruairí: Tá gliú ____.   6 Oisín: Tá siosúr ____.

7 Niamh: Tá mála scoile ____.   8 Róisín: Tá rialóir ____.

9 Daidí: Tá siosúr ____. 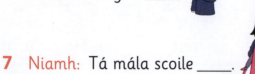   10 Mamaí: Tá bioróir ____.

Bí ag Léamh

An leabhar é?

Is leabhar é.

An peann luaidhe é?

Ní peann luaidhe é

Obair Bheirte

1 An cóipleabhar é?

2 An leabhar é?

3 An gliú é?

4 An rialóir é?

5 An scriosán é?

6 An peann dearg é?

7 An siosúr é?

8 An cás peann luaidhe é?

9 An peann luaidhe é?

10 An bioróir é?

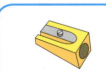		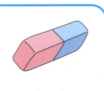		
bioróir	rialóir	scriosán	cás peann luaidhe	gliú

peann luaidhe	siosúr	cóipleabhar	leabhar	peann dearg

Aonad 1 Ceacht 3

Bí ag Léamh

Ná caith an liathróid.

Ná cuir an peann sa bhosca bruscair.

Ná scríobh ar an mballa.

Ná tóg an bosca lóin.

Ná déan é sin.

Spraoi le Briathra

✓	✗ **Ná**
Caith an liathróid.	Ná caith an liathróid.
Cuir an leabhar ar an mbord.	__ ____ __ ____ __ __ ____.
Scríobh ar an gclár bán.	__ ____ __ __ __ __.
Déan é sin.	__ ____ __ __.
Tóg amach an leabhar.	__ ____ ____ __ ____.

An Scoil – Aonad 1 Ceacht 4

Bí ag Léamh

An bhfaca tú an mála scoile?	An bhfaca tú an leabhar?
Chonaic mé an mála scoile.	**Ní fhaca mé** an leabhar.

Obair Bheirte

1 An bhfaca tú an rialóir?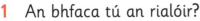

2 An bhfaca tú an scriosán?

3 An bhfaca tú an scuab?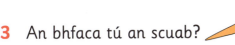

4 An bhfaca tú an siosúr?

5 An bhfaca tú an leabhar?

6 An bhfaca tú an gliú?

7 An bhfaca tú an cóipleabhar?

8 An bhfaca tú an peann dearg?

9 An bhfaca tú an peann luaidhe?

10 An bhfaca tú an páipéar?

	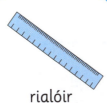			
bioróir	rialóir	scriosán	gliú	peann gorm

peann luaidhe	siosúr	cóipleabhar	leabhar	páipéar

Mo Mhála Scoile

Cá bhfuil mo mhála scoile?

An bhfaca tusa é?

An bhfuil a fhios agat, a Dhaidí,

Cár imigh sé ar strae?

Níl sé sa chistin,

Ná istigh sa seomra suí.

Níor thug mé suas an staighre é,

Nuair a chuaigh mé féin a luí.

Cinnte bhí sé agam,

Ar mo theacht ón scoil inné.

Mar rinne mé mo cheachtanna,

Díreach tar éis an tae.

Feicim do mhála scoile,

Is níor imigh sé ar strae.

Thiar ar do dhroim atá sé,

Is tú féin a chuir ann é!

Scríobh an dán i do chóipleabhar.
Tarraing pictiúr.

Na hAinmhithe

Féach ar na hainmhithe,
Amuigh faoin spéir,
Ag rith is ag léim,
Is ag ithe an fhéir.

Ní féidir leo léamh.
Ní féidir leo scríobh.
Ní thagann siad ar scoil.
Níor tháinig ariamh.

Ach bíonn siad sásta,
An bhliain go léir,
Amuigh sa pháirc,
Ag ithe an fhéir.

Scríobh an t-amhrán i do chóipleabhar.
Tarraing pictiúr de na hainmhithe.

Aonad 2 Ceacht 2

Obair Bheirte Bí ag Caint

1 Cad atá sa seomra ranga?

Tá ___ sa seomra ranga.

2 Cad atá sa seomra ranga?

Tá ___ sa seomra ranga.

3 Cad atá sa seomra ranga?

Tá ___ sa seomra ranga.

4 Cad atá sa seomra ranga?

Tá ___ sa seomra ranga.

5 Cad atá sa seomra ranga?

Tá ___ sa seomra ranga.

6 Cad atá sa seomra ranga?

Tá ___ sa seomra ranga.

7 Cad atá sa seomra ranga?

Tá ___ sa seomra ranga.

8 Cad atá sa seomra ranga?

Tá ___ sa seomra ranga.

9 Cad atá sa seomra ranga?

Tá ___ sa seomra ranga.

10 Cad atá sa seomra ranga?

Tá ___ sa seomra ranga.

Bí ag Caint

Obair Bheirte

1 Cad atá faoin doirteal?

2 Cad atá in aice leis an gcófra?

3 Cad atá ar an gcófra?

4 Cad atá sa leabharlann?

5 Cad atá in aice leis an leabharlann?

6 Cad atá ar an mballa?

7 Cad atá ar na seilfeanna?

8 Cad atá ar an mbord dúlra?

Scríobh abairtí faoi do sheomra ranga.
Tarraing pictiúr de do sheomra ranga i do chóipleabhar.

Aonad 2 Ceacht 4

Bí ag Léamh

Tóg amach do hata.

T**h**óg Niamh amach a hata inné.

Cuir ort do hata.

C**h**uir Niamh a hata uirthi inné.

Dún do mhála scoile.

D**h**ún Niamh a mála scoile inné.

Seas sa líne.

S**h**eas Niamh sa líne inné.

Spraoi le Briathra

Ordú	Inné **h**
Tóg	T**h**óg
Cuir	___
Dún	___
Seas	___

Obair Bheirte

1 'Tóg amach do hata,' arsa an múinteoir.
   ___ Niamh amach a hata inné.

2 'Cuir ort do hata,' arsa an múinteoir.
   ___ Niamh a hata uirthi inné.

3 'Dún do mhála scoile,' arsa an múinteoir.
   ___ Niamh a mála scoile inné.

4 'Seas sa líne,' arsa an múinteoir.
   ___ Niamh sa líne inné.

Aonad 3 Ceacht 1

Cén t-am é?

Tarraing an t-am.

Tá sé a trí a chlog.   Tá sé cúig tar éis a trí.   Tá sé deich tar éis a trí.   Tá sé ceathrú tar éis a trí.

Tá sé fiche tar éis a trí.   Tá sé fiche cúig tar éis a trí.   Tá sé leathuair tar éis a trí.

Tá sé fiche tar éis a seacht.

Bí ag Scríobh

Tá sé leathuair tar éis a dó.

Aonad 3 Ceacht 2

Bí ag Léamh

D'ól sé an bainne inné.

D'fhág sé an leabhar ar an mbord inné.

D'fhéach sé ar an teilifís inné.

D'fhan sé sa seomra suí inné.

Spraoi le Briathra

Ordú	Inné D'
Ól	D'ól
Fan	___
Fág	___
Féach	___

Obair Bheirte

1 'Fág an leabhar ar an mbord,' arsa Mamaí.
   ___ sé an leabhar ar an mbord inné.

2 'Ól an bainne,' arsa Mamaí.
   ___ sé bainne inné.

3 'Féach ar an teilifís,' arsa Mamaí.
   ___ sé ar an teilifís inné.

4 'Fan sa seomra suí,' arsa Mamaí.
   ___ sé sa seomra suí inné.

34

Bí ag Léamh — An Seomra Ranga Fadó

Fadó, fadó, bhí clár dubh sa seomra ranga.

Bhí tinteán sa seomra ranga.

Bhí tine ar lasadh sa tinteán.

Bhí a lán páistí sa seomra ranga.

Bhí bata ag an múinteoir.

Bhí léarscáil ar an mballa.

Ní raibh ríomhaire sa seomra ranga.

Ní raibh printéir sa seomra ranga.

Ní raibh clár bán sa seomra ranga.

Ní raibh a lán leabhar sa seomra ranga.

Obair Bheirte

1 An raibh clár dubh sa seomra ranga?

2 An raibh clár bán sa seomra ranga?

3 An raibh tinteán sa seomra ranga?

4 An raibh tine ar lasadh sa tinteán?

5 An raibh léarscáil ar an mballa?

6 An raibh bata ag an múinteoir?

7 An raibh printéir sa seomra ranga?

8 An raibh a lán páistí sa seomra ranga?

9 An raibh ríomhaire sa seomra ranga?

10 An raibh a lán leabhar sa seomra ranga?

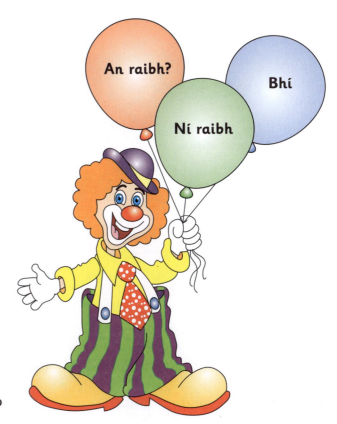

Aonad 3 Ceacht 4

 ## An Nuacht

Deireadh Fómhair atá ann.

Tá mé i Rang a Trí.

Tá múinteoir nua agam.

Iníon Uí Riain is ainm do mo mhúinteoir.

Tá cairde agam ar scoil.

Niamh agus Oisín is ainm do mo chairde.

Tá leabhair agus cóipleabhair i mo mhála scoile agam.

Tá leabharlann agus bord dúlra sa seomra ranga.

 ## An Aimsir

An fómhar atá ann.

Bhí tuar ceatha sa spéir inné.

Tá an lá fliuch inniu.

Tá sé ag cur báistí.

Beidh ceo ann amárach.

Beidh an lá ceomhar.

 ## Obair Bheirte

1. Cén mhí atá ann?
2. Cén rang ina bhfuil tú?
3. An bhfuil múinteoir nua agat?
4. An bhfuil cara agat ar scoil?
5. Cad is ainm do do chara?
6. Cad atá i do mhála scoile?
7. Cad atá sa seomra ranga?
8. Cén saghas lae atá ann inniu?
9. Cén saghas lae a bhí ann inné?
10. Cén saghas lae a bheidh ann amárach?

Bí ag Scríobh

1 Tá an gabhar níos mó ná an ___.
2 Tá an gabhar níos mó ná an ___.
3 Tá an gabhar níos mó ná an ___.
4 Tá an gabhar níos mó ná an ___.
5 Tá an gabhar níos mó ná an ___.

eala   gabhar   rón   cú   tarbh

capall   luch   leon   moncaí   fathach

Bí ag Scríobh

1 Chonaic siad _____ sa pháirc trasna na habhann.

2 Chonaic siad _____ sa pháirc trasna na habhann.

3 Chonaic siad _____ sa pháirc trasna na habhann.

4 Chonaic siad _____ sa pháirc trasna na habhann.

5 Chonaic siad _____ sa pháirc trasna na habhann.

OÍCHE SHAMHNA

Oíche Shamhna a bhí ann.
Bhí féasta ar siúl sa choill.
D'ith an púca bairín breac.
Is thug sé fáinne don phuimcín.

Bhí an ceann cait ag ithe.
Bhí an sciathán leathair ag ól.
Bhí an cnámharlach ag rince.
Is bhí an chailleach ag seinm ceoil.

Bhí an oíche dubh agus dorcha.
Bhí úll ar crochadh ón gcrann.
Bhí spórt agus scléip ag gach éinne.
Oíche Shamhna a bhí ann.

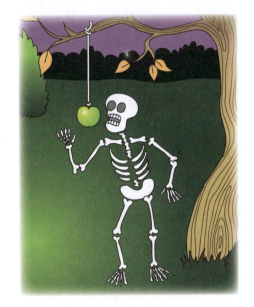

Oíche Shamhna Shona!

'Oíche Shamhna Shona!'
'Go mba hé duit!'
'Oíche Shamhna Shona!'
a scread na seanchait.

Scríobh an dán i do chóipleabhar.
Tarraing pictiúr.

Ceacht 2

Bí ag Léamh — Bob nó Bia

Oíche Shamhna a bhí ann.
Bhí an oíche dubh agus dorcha.
Bhí an ghealach sa spéir.

Bhí Niamh gléasta mar phúca.
Bhí Oisín gléasta mar chnámharlach.

Bhí Ruairí gléasta mar vaimpír.
Bhí Róisín gléasta mar chailleach.

Bhí Liam gléasta mar phúca.

Chonaic na páistí tine chnámh.

Chuaigh na páistí ó theach go teach.

'Bob nó bia!' arsa na páistí.

Fuair siad úlla, cnónna agus milseáin.

Bhí spórt agus scléip acu.

Obair Bheirte

1 Cén oíche a bhí ann?

2 Conas a bhí Niamh gléasta?

3 Conas a bhí Oisín gléasta?

4 Conas a bhí Ruairí gléasta?

5 Conas a bhí Róisín gléasta?

6 Cad a chonaic na páistí?

7 Cad a fuair na páistí?

8 An raibh spórt agus scléip acu?

Oíche Shamhna – Ceacht 3

Bí ag Caint — Oíche Shamhna

 Tarraing pictiúr d'Oíche Shamhna.

1. Tarraing cailleach ag eitilt ar scuab.
2. Cuir cat ag eitilt ar an scuab freisin.
3. Tarraing teach.
4. Cuir fuinneog agus doras sa teach
5. Cuir puimcín ar an bhfuinneog.
6. Tarraing tine chnámh sa ghairdín.
7. Cuir vaimpír agus cnámharlach in aice leis an tine chnámh.
8. Tarraing an ghealach agus réaltaí sa spéir.
9. Cuir sciathán leathair sa spéir.
10. Tarraing crann.
11. Cuir úll ar crochadh ón gcrann.

Ceacht 4

An Nuacht

Oíche Shamhna a bhí ann.
Bhí an ghealach agus na réaltaí sa spéir.
Bhí mé gléasta mar chailleach.
D'ith mé bairín breac agus milseáin.
D'ól mé cóla.

Chuaigh mé ó theach go teach.
'Bob nó bia,' a dúirt mé.
Chonaic mé tine chnámh.
Bhí spórt agus scléip agam.

Obair Bheirte

1 Cén oíche a bhí ann?
2 Cad a bhí sa spéir?
3 Conas a bhí tú gléasta?
4 Cad a d'ith tú?
5 Cad a d'ól tú?
6 An ndeachaigh tú ó theach go teach?
7 Cad a chonaic tú?
8 An raibh spórt agus scléip agat?

Oíche Shamhna Shona!

An Chailleach Uaigneach

Oíche Shamhna – Scéal

Bí ag Scríobh

1 Bhí ____ ar bhruach na habhann.
2 Bhí ____ ar bhruach na habhann.
3 Bhí ____ ar bhruach na habhann.
4 Bhí ____ ar bhruach na habhann.
5 Bhí ____ ar bhruach na habhann.
6 Bhí ____ ar bhruach na habhann.

Aonad 1 Ceacht 1

Bí ag Léamh

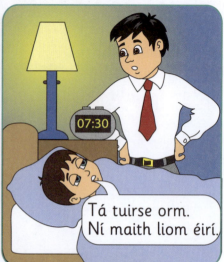

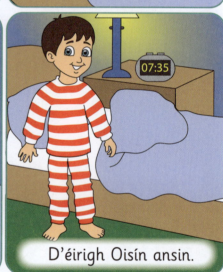

Bí ag Scríobh

1 'Tá ___ orm,' arsa Oisín.

2 'Tá ___ orm,' arsa Oisín.

3 'Tá ___ orm,' arsa Oisín.

4 'Tá ___ orm,' arsa Oisín.

5 'Tá ___ orm,' arsa Oisín.

6 'Tá ___ orm,' arsa Oisín.

| tart | ocras | áthas | brón | fearg | tuirse |

Obair Bheirte

1 Cad atá uait?
   Tá gránach uaim.

2 Cad atá uait?
   ___ ___ ___.

3 Cad atá uait?
   ___ ___ ___.

4 Cad atá uait?
   ___ ___ ___ ___ ___.

5 Cad atá uait?
   ___ ___ ___.

6 Cad atá uait?
   ___ ___ ___.

gránach

ubh fhriochta

ispíní

tósta

leite

arán, im agus subh

arán donn

uisce

Líon na Bearnaí

1 mé: Tá leite ___.
2 sé: Tá ubh fhriochta ___.
3 sí: Tá arán donn ___.
4 Niamh: Tá bainne ___.
5 tú: Tá ispíní ___.
6 Mamaí: Tá uisce ___.
7 Daidí: Tá bagún ___.
8 Ruairí: Tá gránach ___.
9 Liam: Tá uisce ___.
10 Ciara: Tá tósta ___.
11 Róisín: Tá arán donn ___.
12 Oisín: Tá ispíní ___.
13 Mamó: Tá ubh ___.
14 Daideo: Tá leite ___.
15 tú: Tá gránach ___.
16 mé: Tá arán, im agus subh ___.

mé: uaim
tú: uait
sé: uaidh
sí: uaithi

Bia – Aonad 1 Ceacht 2

Aonad 1 Ceacht 3

Bí ag Léamh

Chuir Daidí bia ar an bpláta.

Thug Daidí bia don leanbh.

Chaith an leanbh an bia.

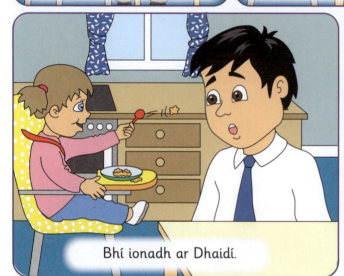
Bhí ionadh ar Dhaidí.

Bhí léine Dhaidí salach.

Spraoi le Briathra

Inné	Gach Lá
h	ann
	eann
Chuir sé	_____ sé
Thug sé	_____ sé
Chaith sé	_____ sé

Scríobh na hAbairtí

1 Chuir Daidí bia ar an bpláta inné.
   ___ Daidí bia ar an bpláta gach lá.

2 Thug Daidí bia don leanbh inné.
   ___ Daidí bia don leanbh gach lá.

3 Chaith an leanbh an bia inné.
   ___ an leanbh an bia gach lá.

Suimeanna Focal

1
Cuir + _____ = _____.

2
Tug + ____ = _____.

Cén t-am é?

 Tarraing an t-am.

Tá sé fiche cúig chun a naoi.   Tá sé fiche chun a naoi.   Tá sé ceathrú chun a naoi.   Tá sé deich chun a naoi.

 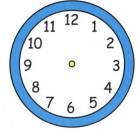  

Tá sé cúig chun a naoi.   Tá sé a naoi a chlog.   Tá sé cúig tar éis a naoi.   Tá sé deich tar éis a naoi.

 ## Bí ag Scríobh

Tá sé fiche cúig chun a trí.   _____   _____   _____

_____   _____   _____   _____

Aonad 2 Ceacht 1

Bia

Bí ag Caint

Obair Bheirte

An bhfuil?	Tá
	Níl

1 An bhfuil im sa chuisneoir?
2 An bhfuil cabáiste sa chófra?
3 An bhfuil arán sa chófra?
4 An bhfuil trátaí sa chófra?
5 An bhfuil anraith sa chuisneoir?
6 An bhfuil anraith sa chófra?
7 An bhfuil leitís sa chuisneoir?
8 An bhfuil arán sa chuisneoir?
9 An bhfuil bainne sa chófra?
10 An bhfuil liamhás sa chófra?

cabáiste | leitís | im | arán | bainne | liamhás | trátaí | anraith

Bí ag Caint

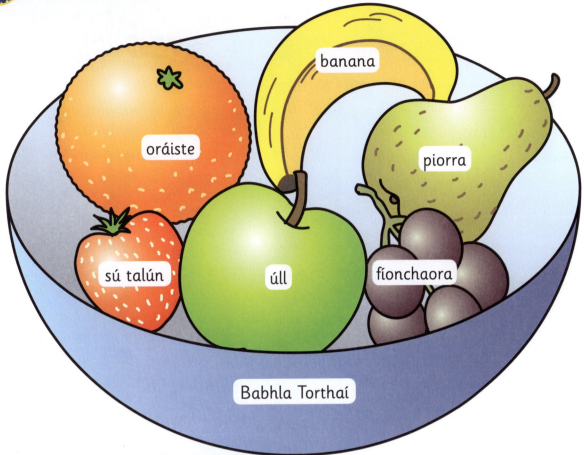

Freagair na Ceisteanna

1. An fearr leat úll nó oráiste?
   Is fearr liom ____.

2. An fearr leat piorra nó banana?
   Is fearr liom ____.

3. An fearr leat oráiste nó banana?

4. An fearr leat úll nó sú talún?

5. An fearr leat oráiste nó sú talún?

6. An fearr leat sú talún nó banana?

7. An fearr leat sú talún nó fíonchaora?

8. An fearr leat fíonchaora nó banana?

9. An fearr leat banana nó úll?

10. An fearr leat piorra nó sú talún?

Tarraing babhla torthaí i do chóipleabhar.
Cuir úll, oráiste, piorra, banana, sú talún agus fíonchaora sa bhabhla.
Scríobh na focail in aice leis na torthaí.

Aonad 2 Ceacht 3

 Scríobh an Scéal **An Dinnéar**

Ar dtús, d'ól na páistí ____.

Ansin, d'ith siad ____ ____ agus ____.

Ar deireadh, d'ith siad ____ ____ agus ____ ____.

D'ól siad ____.

Bhí siad lán go béal.

 Scríobh na hAbairtí

1 D'ith sé glasraí inné.
   ____ sé glasraí gach lá.

2 D'ól sé uisce inné.
   ____ sé uisce gach lá.

3 D'ith sé torthaí inné.
   ____ sé torthaí gach lá.

4 D'ól sé bainne inné.
   ____ sé bainne gach lá.

5 D'ól sé anraith inné.
   ____ sé anraith gach lá.

6 D'ól sé sú oráiste inné.
   ____ sé sú oráiste gach lá.

Gach Lá
ann
eann

 Suimeanna Focal

1 Ith + ____ = ____.

2 Ól + ____ = ____.

Bia – Aonad 2 Ceacht 4

Bí ag Léamh

Ar dtús, d'ith Róisín sailéad.

Ansin, d'ith sí sceallóga prátaí, iasc agus piseanna.

D'ól sí uisce.

Ar deireadh, d'ith sí cáca milis.

Ach ní raibh sí lán.

Ba mhaith liom níos mó cáca.

Tá go leor cáca agat.

Seo duit piorra.

Bhí Róisín an-sásta ansin. Bhí sí lán go béal.

Ar ith?	D'ith	Ar ól?	D'ól
	Níor ith		Níor ól

Obair Bheirte

1. Cad a d'ith Róisín ar dtús?
2. Cad a d'ith sí ansin?
3. Cad a d'ith sí ar deireadh?
4. Ar ith Róisín iasc?
5. Ar ith Róisín feoil?
6. Ar ith Róisín piorra?
7. Ar ól sí uisce?
8. Ar ól sí bainne?
9. Ar ith Róisín piseanna?

anraith

cáca milis

cairéad

liamhás

sceallóga prátaí

sailéad

iasc

feoil

piseanna

pónairí

Aonad 3 Ceacht 1

Mo Lá Breithe

Inniu mo lá breithe,
Is táimse ar bís.
Is buachaill breá mór mé,
Táim naoi mbliana d'aois.

Cáca mór blasta,
Tá naoi gcoinneal air.
Bronntanais dheasa
Ó mo chairde go léir.

Beidh cóisir agamsa,
Inniu i mo theach.
Beidh spórt agus scléip ann,
Ar mhaith leatsa teacht?

Táimse mór leatsa,
Is maith liom thú.
Ba mhaith liom dul,
Chuig do chóisir inniu.

 Scríobh an dán i do chóipleabhar.
Tarraing an pictiúr.

Léigh an Scéal (Lá Breithe Oisín)

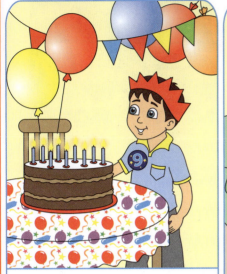

Lá Breithe Oisín a bhí ann.
Bhí sé naoi mbliana d'aois.
Bhí sé ar bís.

Bhí cóisir aige ina theach.

Tháinig a chairde go dtí an chóisir.
Fuair sé bronntanais óna chairde.

D'ith sé cáca milis agus milseáin.
D'ól sé cóla.

Bhí spórt agus scléip aige.

 Obair Bheirte

1 Cén lá a bhí ann?
2 Cén aois é?
3 An raibh áthas ar Oisín?
4 Cé a tháinig go dtí an chóisir?
5 Cad a fuair sé óna chairde?
6 Cad a d'ith sé?
7 Cad a d'ól sé?
8 An raibh spórt aige?

Lá Breithe Oisín

Lá breithe Oisín a bhí ann.
Bhí sé ar bís.
Ghearr sé an cáca le scian.

Lá breithe sona duit.

Chan a chairde amhrán dó.

Thug Mamaí píosa cáca do gach duine.

D'fhéach na páistí ar an teilifís.
D'fhan na páistí sa seomra suí.

Bhí siad ag imirt cluichí.
Bhí spórt agus scléip acu.

D'fhág siad an chóisir ag a seacht a chlog.

Spraoi le Briathra

Inné D'	Gach Lá ann eann
D'fhéach	____
D'fhan	____
D'fhág	____

Scríobh na hAbairtí

1 D'fhéach na páistí ar an teilifís inné.
   ___ na páistí ar an teilifís gach lá.

2 D'fhan na páistí sa seomra suí inné.
   ___ na páistí sa seomra suí gach lá.

3 D'fhág siad an chóisir ag a seacht a chlog inné.
   ___ siad an chóisir ag a seacht a chlog gach lá.

Suimeanna Focal

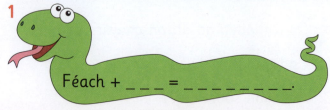

1 Féach + ____ = _____.

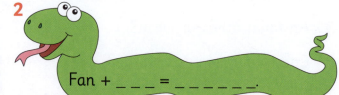

2 Fan + ____ = _____.

An Nuacht

Bhí mo lá breithe ann inné.
Bhí mé naoi mbliana d'aois.
Bhí mé ar bís.
Bhí cóisir agam i mo theach.
Tháinig mo chairde go dtí an chóisir.
Fuair mé bronntanais ó mo chairde.
Bhí mé ag imirt cluichí le mo chairde.
Bhí spórt agus scléip agam.

 ### Obair Bheirte

1 An raibh cóisir agat?
2 An raibh tú ar bís?
3 An bhfuair tú bronntanais ó do chairde?
4 Cad a fuair tú?
5 An raibh tú ag imirt cluichí le do chairde?
6 An raibh spórt agus scléip agat?

 ## An Aimsir

An geimhreadh atá ann.
Mí na Samhna atá ann.
Beidh stoirm ann anocht.
Beidh gaoth láidir ag séideadh.
Beidh sé an-ghaofar.
Beidh tintreach agus toirneach ann.

 ### Obair Bheirte

1 Cén séasúr atá ann?
2 Cén mhí atá ann?
3 Cén saghas aimsire a bheidh ann anocht?

Scéal

An Rí agus an tÓr

Obair Bheirte

1. Cá bhfuil an rí?
2. Cá bhfuil a iníon?
3. An bhfuil an tsióg sa ghairdín?
4. Cad atá ar siúl ag an rí?
5. An maith leat na rósanna?

Scríobh na hAbairtí

1. D'athraigh an rí ____ go hór.
2. D'athraigh an rí ____ go hór.
3. D'athraigh an rí ____ go hór.
4. D'athraigh an rí ____ go hór.

An Geimhreadh

Ceacht 1

 Bí ag Léamh

11 An t-aonú lá déag d'Eanáir	12 An dara lá déag d'Eanáir	13 An tríú lá déag d'Eanáir	14 An ceathrú lá déag d'Eanáir	15 An cúigiú lá déag d'Eanáir
16 An séú lá déag d'Eanáir	17 An seachtú lá déag d'Eanáir	18 An t-ochtú lá déag d'Eanáir	19 An naoú lá déag d'Eanáir	20 An fichiú lá d'Eanáir

 Obair Bheirte

11 Eanáir = An t-aonú lá déag d'Eanáir
12 Eanáir = _____
13 Eanáir = _____
14 Eanáir = _____
15 Eanáir = _____
16 Eanáir = _____
17 Eanáir = _____
18 Eanáir = _____
19 Eanáir = _____
20 Eanáir = _____

Ceacht 2

 Bí ag Léamh An Fear Sneachta

Tá hata ar a cheann.
Tá píopa ina bhéal.
Tá súile air.
Tá srón dhearg air.
Tá scairf ildaite ar a mhuineál.
Tá cnaipí air.
Tá scuab ina lámh chlé.
Tá cloigín ina lámh dheas.

 **Obair Bheirte**

1 Cad atá ar a cheann?
2 Cad atá ina bhéal?
3 An bhfuil súile agus srón air?
4 Cá bhfuil an scairf?
5 Cad atá ina lámh chlé?
6 Cad atá ina lámh dheas?

 Tarraing fear sneachta.

1 Ar dtús, tarraing a chorp.
2 Ansin, tarraing a cheann.
3 Tarraing hata ar a cheann.
4 Tarraing a shrón agus a shúile.
5 Tarraing píopa ina bhéal.
6 Tarraing scairf ildaite ar a mhuineál.
7 Tarraing cnaipí air.
8 Tarraing a shrón.
9 Tarraing scuab ina lámh chlé.
10 Tarraing cloigín ina lámh dheas.

An Sneachta

Thit sneachta bog bán
anuas ón spéir.
Nuair a bhí mé i mo luí
ar mo leaba aréir.

Tá sneachta bog bán
anois i ngach áit.
Ar theach is ar chrann,
ar shráid is ar pháirc.

Beidh spórt againn,
Mé féin agus Seán.
Ag súgradh inniu
sa sneachta bog bán.

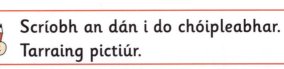

Scríobh an dán i do chóipleabhar.
Tarraing pictiúr.

Ceacht 3

Léigh an Scéal An Geimhreadh

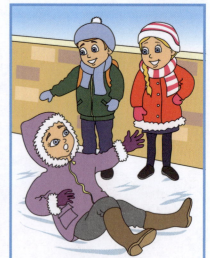

An geimhreadh a bhí ann.
Bhí sioc ar an talamh.
Bhí sé an-fhuar.
Bhí na páistí ag dul ar scoil le Mamaí.

Sciorr Mamaí.
Bhí na páistí sna trithí ag gáire.

Obair Bheirte

1 Cén séasúr a bhí ann?

2 Cad a bhí ar an talamh?

3 Cá raibh Mamaí agus na páistí ag dul?

4 Ar thit Mamaí?

5 Ar thit Róisín?

6 Ar thit Ruairí?

Spraoi le Briathra

Inné	Amárach
	fidh
	faidh
Chuir sí	_____ sí
Dhún sí	_____ sí
Thit sí	_____ sí

Bí ag Scríobh

1 Chuir Mamaí a cóta uirthi inné.
   ___ Mamaí a cóta uirthi amárach.

2 Dhún Mamaí an doras inné.
   ___ Mamaí an doras amárach.

3 Thit Mamaí inné.
   ___ Mamaí amárach.

An Geimhreadh – Ceacht 4

Bí ag Caint

Obair Bheirte

1 An bhfuil duilleoga ar an gcrann cnó capaill?
2 An bhfuil an crann cnó capaill lom?
3 Cá bhfuil an spideog?
4 Cá bhfuil an dreoilín?
5 Cad atá ar an talamh?
6 Cá bhfuil an fear sneachta?
7 An bhfuil scairf ar an bhfear sneachta?
8 An bhfuil cóta ar an bhfear sneachta?

 Tarraing dreoilín.
Tarraing cleití ar an dreoilín.

An Spideog

Tá grá agam don spideog
Thuas ar an gcrann.
Tá a brollach dearg
Is tá a cleití donn.

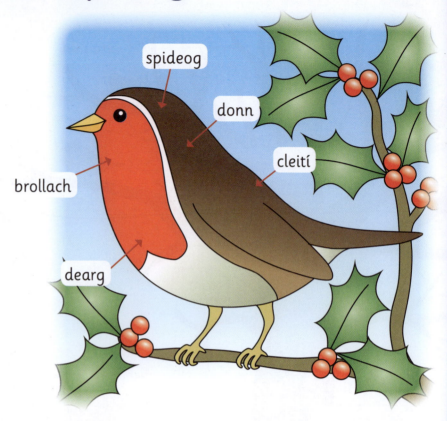

Tá nead aici
Ar chúl an tí.
Tugann sí aire
Do na héiníní.

Ha ha ha hí hí hí.
Tugann sí aire do na héiníní.

Scríobh an t-amhrán i do chóipleabhar.
Tarraing an spideog.

Ainmhithe san Artach

Tarraing an pictiúr i do chóipleabhar.
Scríobh na focail in aice leis na pictiúir.

Scríobh an Scéal — An Réinfhia

Bíonn an réinfhia ina chónaí san ___.
Bíonn dath ___ air sa samhradh.
Bíonn dath ___ air sa gheimhreadh.
Bíonn a eireaball ___.
Bíonn a bholg ___ freisin.
Ritheann sé ar ___ na gaoithe.
Itheann sé ___ agus ___.

donn   artach   liath   bán
plandaí   duilleoga   nós

Scéal

 Scríobh an Scéal **An Sionnach Artach**

Bíonn an sionnach artach ___ sa gheimhreadh.
Bíonn sé ___ nó liath sa samhradh.
Bíonn a ___ an-fhada.
Bíonn a chosa ___.
Itheann sé ___ agus ___.

(bán) (eireaball) (éin)

(gearr) (donn) (éisc)

 Scríobh an Scéal **An Béar Bán**

Bíonn an béar ___ ina chónaí san artach.
Bíonn sé an-mhór.
Bíonn a cheann beag.
Bíonn a shúile ___.
Bíonn a shrón ___ freisin.
Bíonn an béar bán an-mhaith ag snámh.
Is breá leis bheith ___ ___ san uisce.
Itheann sé ___ san uisce.
Ní ólann an béar bán ___.
Bíonn ___ beaga ag an mbéar bán.
Bíonn siad go hálainn.

(bán) (rónta) (dubh) (uisce) (ag snámh) (béiríní)

64

An Nollaig

Bí ag Caint — An Nollaig

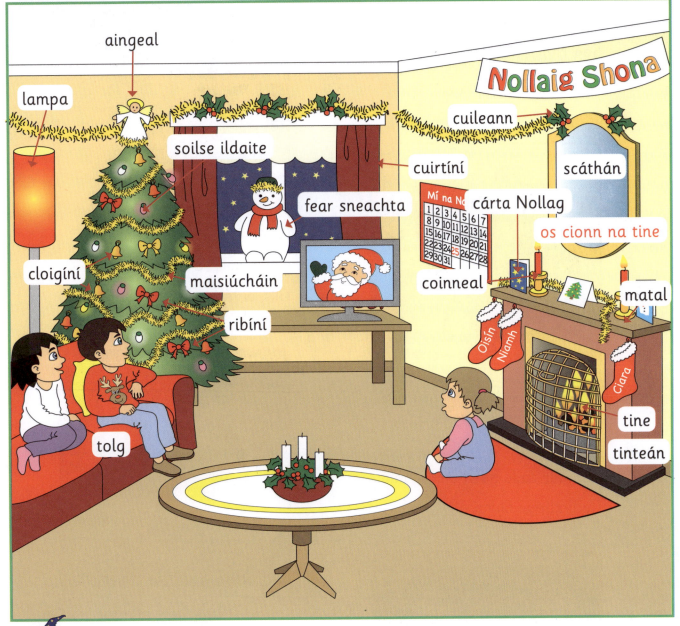

Obair Bheirte

1. Tá _____ ar an gcrann Nollag.
2. Tá _____ ar an gcrann Nollag.
3. Tá _____ ar an gcrann Nollag.
4. Tá _____ ar an gcrann Nollag.
5. Tá _____ ar an gcrann Nollag.
6. Tá ____ in aice leis an gcrann Nollag.
7. Tá ____ os cionn na tine.
8. Tá ____ os cionn na tine.
9. Tá ____ os cionn na tine.
10. Tá ____ os cionn na tine.

An Nollaig

Nollaig, Nollaig, Nollaig aoibhinn,
Nollaig álainn ó!
San Nioclás ag teacht san oíche,
Ag líonadh stocaí ó!

Putóg, Putóg, Putóg Nollag,
Putóg álainn ó!
Cáca milis sa chófra,
Úlla breátha ó!

Saoire, saoire, saoire Nollag,
Saoire álainn ó!
Codladh fada gach aon mhaidin,
Codladh aoibhinn ó!

Nollaig, Nollaig, Nollaig aoibhinn,
Nollaig aoibhinn ó!
Íosa beag anseo i mainséar,
Oíche aoibhinn ó!

Scríobh an t-amhrán i do chóipleabhar.
Tarraing pictiúr.

An Nollaig – Ceacht 2

Léigh an Scéal — Daidí na Nollag

Seo é Daidí na Nollag. Tá cóta, hata agus bríste dearg air. Tá buataisí dubha air. Tá féasóg bhán air. Tá mála mór donn ar a dhroim.

Tá carr sleamhnáin, sióga agus réinfhianna aige.

Déanann sé a lán bréagán do na páistí.

Gach Nollaig, tugann sé bréagáin do na páistí.

Scríobh an Scéal

Seo é ___ .

Tá ___,  ___, agus ___ dearg air.

Tá ___  dubha air.

Tá ___  bhán air.

Tá ___  mór donn ar a dhroim.

Tá ___, ___, ___ agus ___, aige.

Ceacht 3

BIACHLÁR NA NOLLAG

anraith   sailéad   putóg dhubh

turcaí rósta   liamhás

glasraí   prátaí rósta   sceallóga prátaí

putóg Nollag

uachtar reoite agus glóthach

cáca Nollag

 Obair Bheirte

Cad atá uait do dhinnéar na Nollag?

Ar dtús, tá ___ uaim.

Ansin, tá ___, ___ agus ___ uaim.

Ar deireadh, tá ___ uaim.

 Tarraing an biachlár i do chóipleabhar. Scríobh na focail in aice leis na pictiúir.

Oíche Nollag

Oíche Nollag a bhí ann.
Bhí sé ag cur sneachta.
Chuaigh Muire agus Iósaf go Beithil.

Bhí gach teach ósta lán.

Chuaigh Muire agus Iósaf isteach i stábla.
Bhí asal agus bó sa stábla.

Rugadh an leanbh Íosa sa mhainséar.

Tháinig na haoirí. Thug siad bronntanais don leanbh Íosa. Thug siad uain dó.

Tháinig na trí rí. Thug siad bronntanais don leanbh Íosa freisin.

Bhí réalta os cionn an mhainséir.

Bhí na haingil ag canadh sa spéir.

Tarraing mainséar i do chóipleabhar.

1. Tarraing an leanbh Íosa sa mhainséar.
2. Tarraing réalta sa spéir os cionn an mhainséir.
3. Tarraing na trí rí sa mhainséar.
4. Tarraing Muire agus Iósaf sa mhainséar.
5. Tarraing asal agus bó sa mhainséar.
6. Tarraing aoirí sa mhainséar.
7. Tarraing aingil ag canadh sa spéir.

Scéal

An Drumadóir

Bí ag Caint

réalta mhór gheal
calóga sneachta
aingil
an bhó
Iósaf
an t-asal
Muire
drumadóir
na haoirí
Íosa
trí rí
an t-uan
brat bán sneachta

Obair Bheirte **An Mainséar**

1 Tá ___ sa mhainséar.
2 Tá ___ sa mhainséar.
3 Tá ___ sa mhainséar.
4 Tá ___ sa mhainséar.
5 Tá ___ sa mhainséar.
6 Tá ___ sa mhainséar.
7 Tá ___ sa mhainséar.
8 Tá ___ sa mhainséar.
9 Tá ___ os cionn an mhainséir.
10 Tá ___ os cionn an mhainséir.

Ceacht 1

An Aimsir

An Aimsir

An Luan	An Mháirt	An Chéadaoin
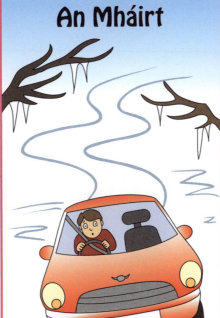		
Bhí sé ag cur sneachta. Bhí calóga sneachta ag titim. Bhí brat bán sneachta ar an talamh. Bhí na páistí préachta leis an bhfuacht.	Bhí sioc ann. Bhí sé ag cur seaca. Bhí leac oighir ar an mbóthar. Bhí sé an-fhuar.	Bhí an lá fluich. Bhí sé ag cur báistí. Bhí sé ag cur fearthainne. Bhí na páistí fluich báite.

 Obair Bheirte

 Tarraing cairt aimsire i do chóipleabhar. Scríobh faoin aimsir.

1. Cén saghas aimsire a bhí ann ar an Luan?
2. Cén saghas aimsire a bhí ann ar an Máirt?
3. Cén saghas aimsire a bhí ann ar an gCéadaoin?

An Aimsir

An Luan	An Mháirt	An Chéadaoin

Ceacht 1

Seol amach an Geimhreadh

Seol amach an geimhreadh fliuch.
Seol uainn sneachta agus sioc.
Seol amach an geimhreadh fliuch.
Is seol isteach an samhradh.

Seol is seol is seol amach.
Seol le ceol is damhsa isteach.
Seol an geimhreadh uainn amach.
Is seol isteach an samhradh.

Scríobh an dán i do chóipleabhar.
Tarraing pictiúr den samhradh.   Tarraing pictiúr den gheimhreadh.

An Aimsir

An Déardaoin	An Aoine	An Satharn	An Domhnach
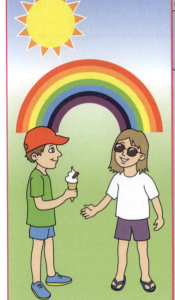			
Bhí an ghrian ag taitneamh go hard sa spéir. Bhí sé an-te. Bhí an lá grianmhar. Bhí tuar ceatha sa spéir.	Bhí scamaill sa spéir. Bhí sé scamallach.	Bhí sé gaofar. Bhí gaoth láidir ag séideadh. Bhí na páistí préachta leis an bhfuacht.	Bhí stoirm ann ar an Domhnach. Chuala mé toirneach. Chonaic mé tintreach.

 Obair Bheirte

1. Cén saghas aimsire a bhí ann ar an Déardaoin?
2. Cén saghas aimsire a bhí ann ar an Aoine?
3. Cén saghas aimsire a bhí ann ar an Satharn?
4. Cén saghas aimsire a bhí ann ar an Domhnach?

 Tarraing cairt aimsire i do chóipleabhar. Scríobh faoin aimsir.

An Aimsir

An Déardaoin	An Aoine	An Satharn	An Domhnach

Ceacht 3

Timpiste

Lá amháin, bhí na páistí ag dul ar scoil.
Bhí sé ag cur seaca.
Bhí leac oighir ar an mbóthar.
Bhí na páistí préachta leis an bhfuacht.
Chonaic siad carr ag teacht.

Sciorr an carr ar an leac oighir.
Bhuail an carr crann.
Chuir Róisín fios ar otharcharr.

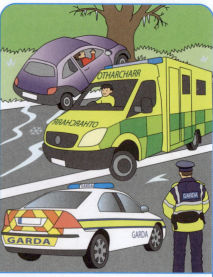

Tháinig an t-otharcharr go tapa.
Tháinig na gardaí freisin.

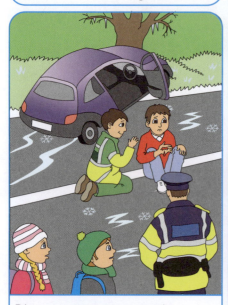

Bhí an tiománaí gortaithe.
Bhí a lámh ag cur fola.

Chuaigh an tiománaí isteach san otharcharr.

Thóg an t-otharcharr an tiománaí go dtí an t-ospidéal.

Ceisteanna

Ar sciorr?	Sciorr	Níor sciorr
Ar bhuail?	Bhuail	Níor bhuail

Obair Bheirte

1 Cén saghas aimsire a bhí ann?
2 Cad a bhí ar an mbóthar?
3 An bhfaca na páistí carr ag teacht?
4 Ar sciorr na páistí?
5 Ar sciorr an carr?
6 Ar bhuail an carr crann?

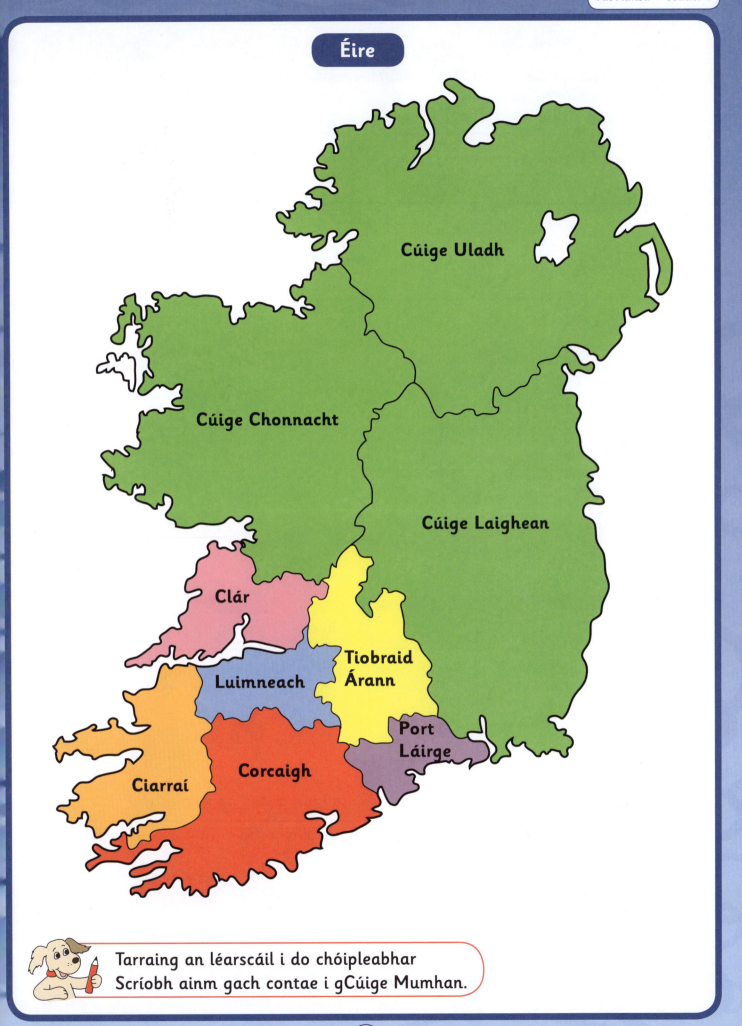

Aonad 1 Ceacht 1

Aonad 1 Caitheamh Aimsire

Obair Bheirte

Cad atá ar siúl ag na páistí?
Tá na páistí ag luascadh.

Cad atá ar siúl ag na páistí?

Cad atá ar siúl ag na páistí?

Cad atá ar siúl ag na páistí?

Cad atá ar siúl ag na páistí?

Cad atá ar siúl ag na páistí?

Cad atá ar siúl ag na páistí?

Cad atá ar siúl ag na páistí?

 ag rith rása
 ag dreapadh
 ag canadh
 ag iascaireacht

 ag luascadh
 ag snámh
ag imirt peile
ag sleamhnú

Obair Bheirte

1 An maith leat bheith ag péinteáil?
   Is maith liom bheith ag péinteáil.

2 An maith leat bheith ag tiomáint?
   __ ___ ___ bheith ag tiomáint.

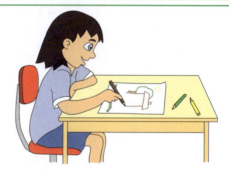

3 An maith leat bheith ag iomáint?

4 An maith leat bheith ag tarraingt?

5 An maith leat bheith ag rothaíocht?

6 An maith leat bheith ag scátáil?

Tarraing pictiúr.

7 An maith leat bheith ag seinm ceoil?

8 Cén caitheamh aimsire is fearr leat?
   Is fearr liom bheith __ ___.

Aonad 1 Ceacht 3

Bí ag Scríobh

1 An bhfuil cead agam ___ a fháil?

2 An bhfuil cead agam ___ a fháil?

3 An bhfuil cead agam ___ a fháil?

4 An bhfuil cead agam ___ a fháil?

5 An bhfuil cead agam ___ a fháil?

6 An bhfuil cead agam ___ a fháil?

7 An bhfuil cead agam ___ a fháil?

8 An bhfuil cead agam ___ a fháil?

peann luaidhe

cóipleabhar

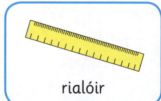
rialóir

peann

scriosán

gliú

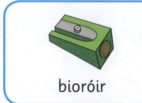
bioróir

cás peann luaidhe

Scríobh na hAbairtí

1 Scríobh Oisín scéal inné.

___ Oisín scéal gach lá.

___ Oisín scéal amárach.

2 Scríobh Niamh scéal inné.

___ Niamh scéal amárach.

___ Niamh scéal gach lá.

An Port

Shuigh Seán síos
Is sheinn sé port.
Phreab an frog
A bhí ag snámh sa loch.

Thug sé léim
Isteach i dtír.
Le dúil sa cheol …
Is lig sé sian!

Scríobh an dán i do chóipleabhar.
Tarraing pictiúr.

Aonad 1 Ceacht 4

Bí ag Scríobh

Tá seisear ag an leabharlann.

1 Tá _____ ag an leabharlann.
2 Tá _____ ag an leabharlann.
3 Tá _____ ag an leabharlann.
4 Tá _____ ag an leabharlann.
5 Tá _____ ag an leabharlann.
6 Tá _____ ag an leabharlann.
7 Tá _____ ag an leabharlann.
8 Tá _____ ag an leabharlann.
9 Tá _____ ag an leabharlann.
10 Tá _____ ag an leabharlann.

duine amháin	beirt	triúr	ceathrar	cúigear

seisear	seachtar	ochtar	naonúr	deichniúr

Aonad 2 — Caitheamh Aimsire

Aonad 2 Ceacht 1

Bí ag Caint

Obair Bheirte

1 Cé a bhí sa chéad áit?
   Bhí Roisín sa chéad áit.

2 Cé a bhí sa dara háit?
   Bhí _____ sa dara háit.

3 Cé a bhí sa tríú háit?

4 Cé a bhí sa cheathrú háit?

5 Cé a bhí sa chúigiú háit?

6 Cé a bhí sa séú háit?

7 Cé a bhí sa seachtú háit?

8 Cé a bhí san ochtú háit?

9 Cé a bhí sa naoú háit?

10 Cé a bhí sa deichiú háit?

Oisín agus Bó

Oisín agus bó,
Ina suí le chéile.
Nach breá dóibh é,
Ina suí le chéile.
Oisín agus bó.

Oisín agus bó,
Agus ceol á chanadh.
Nach breá dóibh é,
Agus ceol á chanadh.
Oisín agus bó.

Oisín agus bó,
Faoi theas na gréine.
Nach breá dóibh é,
Faoi theas na gréine.
Oisín agus bó.

Oisín agus bó.
Ina suí le chéile.
Ceol á chanadh
Faoi theas na gréine.
Oisín agus bó.

Scríobh an dán i do chóipleabhar.
Tarraing pictiúr.

Caitheamh Aimsire – Aonad 2 Ceacht 2

Léigh an Scéal — Ag Imirt Peile

Bhí Ruairí agus Róisín ag imirt peile i gclós na scoile.

D'imir an múinteoir in éineacht leo.

Bhuail Ruairí an liathróid.

Rug an múinteoir ar an liathróid.

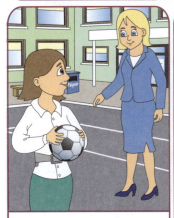

Chonaic an múinteoir an príomhoide ag teacht.

Bhuail an múinteoir an liathróid. Níor rug an príomhoide ar an liathróid.

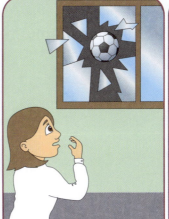

Bhris an liathróid an fhuinneog.

Bhí ionadh ar an múinteoir. Thosaigh na páistí ag gáire.

?	✓	✗
Ar bhuail?	Bhuail	Níor bhuail
Ar rug?	Rug	Níor rug

Obair Bheirte

1 Ar bhuail Ruairí an liathróid?
2 Ar bhuail Róisín an liathróid?
3 Ar bhuail an múinteoir an liathróid?
4 Ar bhuail an príomhoide an liathróid?
5 Ar rug an múinteoir ar an liathróid?
6 Ar rug an príomhoide ar an liathróid?

Aonad 2 Ceacht 3

Bí ag Caint

D'imir Ruairí, Liam, Róisín agus an múinteoir peil.

Obair Bheirte

1. Ar imir Ruairí peil?
2. Ar imir Róisín peil?
3. Ar imir Niamh peil?
4. Ar imir an múinteoir peil?
5. Ar imir Oisín peil?
6. Ar imir Liam peil?
7. Ar imir Ciara peil?
8. Ar imir Daidí peil?

Spraoi le Briathra

Ceisteanna Ar?	Inné ✓ D'	✗ Níor
Ar imir?	___	___
Ar ól?	___	___
Ar ith?	___	___

Spraoi le Briathra

Inné h	Gach Lá ann eann	Amárach faidh fidh
Bhuail sé	Buaileann sé	Buailfidh sé
Chaith sé	_____ sé	_____ sé
Bhris sé	_____ sé	_____ sé

1 Bhuail Róisín an liathróid inné.
   ___ Róisín an liathróid gach lá.
   ___ Róisín an liathróid amárach.

2 Chaith Ruairí an liathróid inné.
   ___ Ruairí an liathróid gach lá.
   ___ Ruairí an liathróid amárach.

3 Bhris Oisín an fhuinneog inné.
   ___ Oisín an fhuinneog gach lá.
   ___ Oisín an fhuinneog amárach.

 ## Suimeanna Focal

1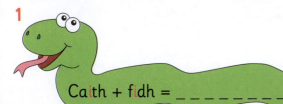
Caith + fidh = _____.

2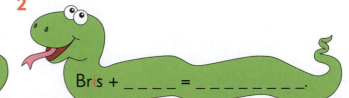
Bris + _____ = _____.

Aonad 3 Ceacht 1

Ceolchoirm sa Chró

Maidin amháin, d'éirigh mé go luath.
Chuaigh mé ag rothaíocht amach faoin tuath.
Chuala mé torann. Chuala mé glór.
Bhí ceolchoirm mhór ar siúl sa chró.

Ceolchoirm sa chró, Hó! Hó! Hó!
Spórt sa tuí. Hí! Hí! Hí!
Bhí an t-asal ag damhsa 's an mhuc ag seinm ceoil.
Bhí spórt agus scléip ag na hainmhithe sa chró.

Bhí an ghrian ag taitneamh go hard sa spéir.
Bhí áthas an domhain ar na hainmhithe go léir.
Chuaigh an tarbh tóin thar cheann.
Scread na hainmhithe go léir a bhí ann.

Scríobh an t-amhrán i do chóipleabhar.
Tarraing pictiúr.

Caitheamh Aimsire – Aonad 3 Ceacht 2

Bí ag Caint

Obair Bheirte

1. Ar sheinn an capall an fhidil?
2. Ar sheinn an mhuc an druma?
3. Ar sheinn an bhó an bodhrán?
4. Ar sheinn an mhuc an pianó?
5. Ar sheinn an bhó an fheadóg stáin?
6. Ar sheinn an t-asal an bodhrán?

Aonad 3 Ceacht 3

Ag Rothaíocht Faoin Tuath

Maidin amháin, d'éirigh Oisín go luath.

Chuaigh sé ag rothaíocht amach faoin tuath. Bhí an ghrian ag taitneamh go hard sa spéir.

Chuala sé torann. Chuala sé ceol. Bhí ceolchoirm ar siúl sa chró.

Bhí an t-asal ag damhsa.

Bhí an mhuc ag seinm ceoil.

Bhí áthas an domhain ar na hainmhithe.

Obair Bheirte

1 Ar éirigh Oisín go luath?
2 An ndeachaigh Oisín ag rothaíocht?
3 Ar chuala Oisín ceol?
4 Cén saghas lae é?
5 Cad a bhí ar siúl ag an asal?
6 Cad a bhí ar siúl ag an muc?

Spraoi le Briathra

Inné	Gach Lá	Amárach
h	ann eann	faidh fidh
Sheinn sé	Seinneann sé	Seinnfidh sé

1 Sheinn an mhuc an giotár inné.
   ____ an mhuc an giotár gach lá.
   ____ an mhuc an giotár amárach.

2 Sheinn an capall an fhidil inné.
   ____ an capall an fhidil gach lá.
   ____ an capall an fhidil amárach.

An Nuacht

Bhí ceolchoirm ar siúl sa seomra ranga.

Sheinn mé an giotár.

Sheinn Oisín an fhidil.

Sheinn Niamh an fheadóg stáin.

Sheinn Ruairí an pianó.

Chan na páistí go léir amhrán le chéile.

Chan an múinteoir amhrán freisin.

Bhí spórt agus scléip againn.

 ## An Aimsir

Beidh sé ag cur sneachta anocht.

Beidh calóga sneachta ag titim.

Beidh brat bán sneachta ar an talamh.

Beidh gach duine préachta leis an bhfuacht.

 ## Obair Bheirte

1. Cad a bhí ar siúl sa seomra ranga?
2. Cé a sheinn an giotár?
3. Cé a sheinn an fhidil?
4. Cé a sheinn an fheadóg stáin?
5. Ar sheinn an múinteoir an pianó?
6. Cé a sheinn an pianó?
7. Ar chan na páistí amhrán?
8. Ar chan an múinteoir amhrán?
9. An raibh spórt agus scléip ag na páistí?
10. Cén saghas aimsire a bheidh ann anocht?

Scéal

Cú Chulainn

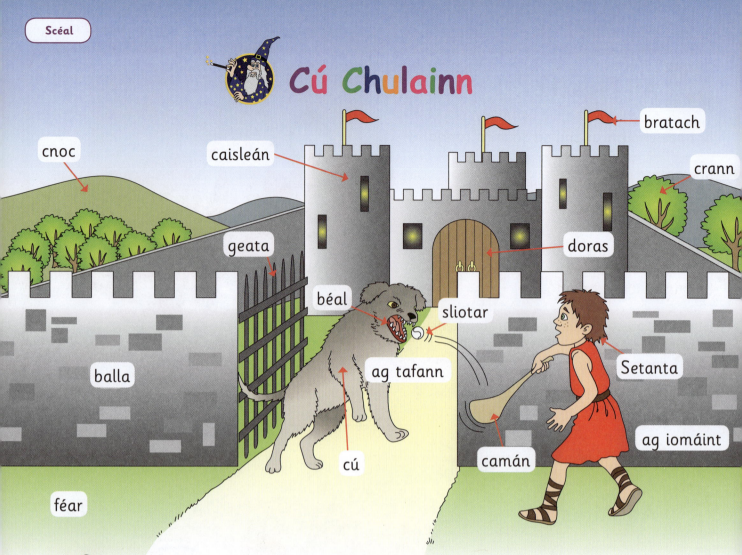

Tarraing an pictiúr i do chóipleabhar.
Scríobh na focail in aice leis na pictiúir.

Bí ag Scríobh

1 Tiocfaidh mé go dtí an chóisir.

2 Tiocfaidh mé go dtí __ ____.

3 Tiocfaidh mé go dtí __ ____.

4 Tiocfaidh mé go dtí __ ____.

5 Tiocfaidh mé go dtí __ ____.

6 Tiocfaidh mé go dtí __ ____.

an teach

an cluiche

an cheolchoirm

an caisleán

an geata

an chóisir

An tEarrach

Ceacht 1

 Bí ag Léamh

20	21	22	23	24
An fichiú lá de Fheabhra	An t-aonú lá is fiche de Fheabhra	An dara lá is fiche de Fheabhra	An tríú lá is fiche de Fheabhra	An ceathrú lá is fiche de Fheabhra
25	26	27	28	
An cúigiú lá is fiche de Fheabhra	An séú lá is fiche de Fheabhra	An seachtú lá is fiche de Fheabhra	An t-ochtú lá is fiche de Fheabhra	

 Obair Bheirte

20 Feabhra = An fichiú lá de Fheabhra

21 Feabhra = _____   22 Feabhra = _____

23 Feabhra = _____   24 Feabhra = _____

25 Feabhra = _____   26 Feabhra = _____

27 Feabhra = _____   28 Feabhra = _____

Ceacht 2

Bláthanna

sabhaircíní

bainne bó
bleachtáin

cróc

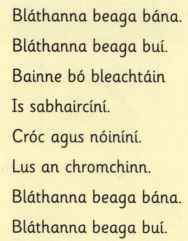

Bláthanna beaga bána.
Bláthanna beaga buí.
Bainne bó bleachtáin
Is sabhaircíní.
Cróc agus nóiníní.
Lus an chromchinn.
Bláthanna beaga bána.
Bláthanna beaga buí.

nóinín

lus an
chromchinn

Tarraing pictiúr.

1 Tarraing bainne bó bleachtáin.
2 Tarraing sabhaircíní.
3 Tarraing cróc.
4 Tarraing nóinín.
5 Tarraing lus an chromchinn.

Scríobh na focail in aice leis
na bláthanna.

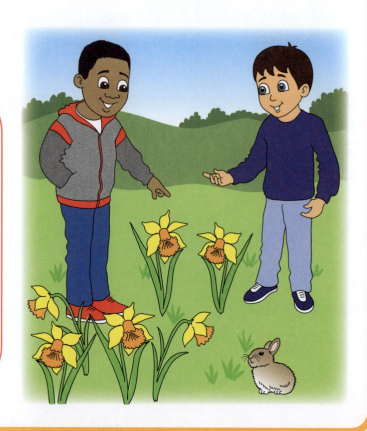

Bí ag Caint — An tEarrach

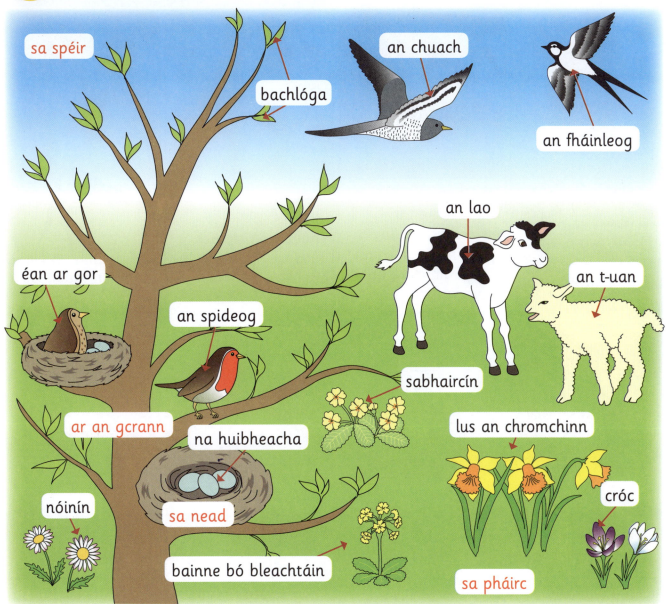

Obair Bheirte

1 Cá bhfuil an lao?
2 Cá bhfuil an nead?
3 Cá bhfuil na huibheacha?
4 Cá bhfuil na bachlóga?
5 Cá bhfuil an chuach?
6 Cá bhfuil an fháinleog?
7 Cá bhfuil an spideog?
8 Cá bhfuil an nóinín?
9 Cá bhfuil an t-uan?
10 Cá bhfuil an cróc?

Ceacht 4

An tEarrach

An t-earrach a bhí ann.
Bhí an aimsir go deas.

Dhúisigh na hainmhithe tar éis codladh fada geimhridh. Dhúisigh an ghráinneog, an t-iora rua agus an sciathán leathair.

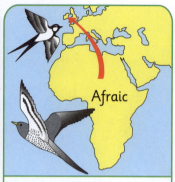

Tháinig na héin ar ais ón Afraic. Tháinig an chuach agus an fháinleog ar ais.

Rinne an fháinleog nead.

Rug sí uibheacha sa nead.

Ní dhearna an chuach nead.

Thóg sí nead ó éan eile.

Rug sí uibheacha sa nead.

 Freagair na Ceisteanna

1. Ar tháinig an fháinleog ar ais ón Afraic?
2. Ar tháinig an chuach ar ais ón Afraic?
3. Ar tháinig an spideog ar ais ón Afraic?
4. An ndearna an fháinleog nead?
5. An ndearna an chuach nead?
6. Ar rug an fháinleog uibheacha sa nead?

Inné		
?	✓	✗
Ar tháinig?	Tháinig	Níor tháinig
An ndearna?	Rinne	Ní dhearna

# Aonad 1 Ceacht 1

Obair Bheirte

?	✓	✗
An ___ é?	Is ea.	Ní hea.

1 An hata é?
   Is ea.

2 An cóta é?
   Ní hea.

3 An geansaí é?

4 An cochall é?

5 An sciorta é?

6 An gúna é?

7 An stoca é?

8 An bríste é?

9 An blús é?

10 An sciorta é?

11 An bríste é?

12 An gúna é?

cóta

hata

bríste

gúna

sciorta

stoca

cochall

geansaí

blús

culaith spóirt

Bí ag Léamh — Conas atá tú gléasta?

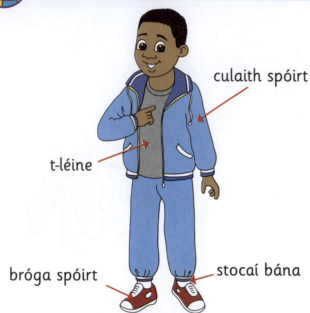

Tá t-léine liath orm.
Tá culaith spóirt ghorm orm.
Tá bróga spóirt orm.
Tá stocaí bána orm freisin.

Tá hata agus scairf orm.
Tá lámhainní dearga orm.
Tá cóta glas orm.
Tá bríste gorm orm.
Tá buataisí dearga orm.

Obair Bheirte

1 Conas atá tú gléasta?
  Tá ___ orm.
2 An bhfuil éide scoile ort?
3 An bhfuil culaith spóirt ort?
4 An bhfuil bróga spóirt ort?
5 An bhfuil t-léine ort?
6 An bhfuil cóta dubh ort?
7 An bhfuil geansaí dúghorm ort?
8 An bhfuil stocaí bána ort?
9 An bhfuil bríste gorm ort?
10 An bhfuil bríste liath ort?

Bí ag Léamh Conas atá siad gléasta?

 Scríobh an Scéal

Tá an luchóg gléasta go deas.

Tá ___ bán uirthi.

Tá ___ corcra uirthi.

Tá ___ bándearg uirthi.

Tá ribín ___ uirthi.

Tá ___ óir uirthi.

Tá stocaí ___ uirthi.

 Scríobh an Scéal

Tá an moncaí gléasta go deas.

Tá ___ dearg air.

Tá ___ bhán air.

Tá ___ gorm air.

Tá ___ gorma air freisin.

 Líon na Bearnaí

1 mé: Tá bróga ___.

2 tú: Tá geansaí ___.

3 Niamh: Tá blús ___.

4 Oisín: Tá cóta ___.

5 Mamaí: Tá gúna ___.

6 Daidí: Tá stocaí ___.

7 sé: Tá bríste ___.

8 sí: Tá sciorta ___.

9 Ruairí: Tá culaith spóirt ___.

10 Róisín: Tá blús ___.

mé: orm
tú: ort
sé: air
sí: uirthi

An Lúchog

Céard a dúirt an luchóg
Nuair a chonaic sí an bhó?
Ní dúirt sí tada
Ach 'Ó-bhó-bhó!'

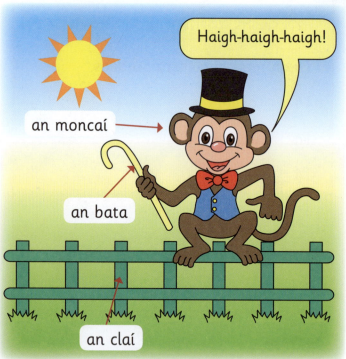

Céard a dúirt an moncaí
Nuair a sheas sé ar an gclaí?
Ní dúirt sé tada
Ach 'Haigh-haigh-haigh!'

Scríobh an dán i do chóipleabhar.

1 Tarraing an bhó.
2 Tarraing an luchóg.
3 Tarraing an claí.
4 Tarraing an moncaí.

Scríobh na focail in aice leis na pictiúir.

Bí ag Caint

Obair Bheirte

1. An ndúirt an bhó, 'Ó-bhó-bhó!'?
   Ní dúirt an bhó: 'Ó-bhó-bhó!'
2. An ndúirt an luchóg, 'Ó-bhó-bhó!'?
3. An ndúirt an moncaí, 'Ó-bhó-bhó!'?
4. An ndúirt an moncaí, 'Haigh-haigh-haigh!'?
5. An ndúirt an luchóg, 'Haigh-haigh-haigh!'?
6. An ndúirt an bhó, 'Haigh-haigh-haigh!'?

Aonad 2 Ceacht 1

 Éadaí

 Léigh an Scéal Ar Maidin

D'éirigh mé ar maidin.

Bhain mé mo phitseámaí díom.

Nigh mé m'aghaidh agus mo lámha.

Chuir mé mo chuid éadaí orm.

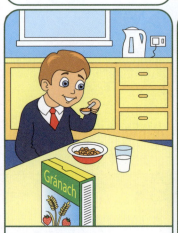

D'ith mé mo bhricfeasta.

Rith mé ar scoil go tapa.

Bhí mé déanach don scoil.

Thug an múinteoir íde béil dom.

 Scríobh an Scéal Ar Maidin   **Líon na Bearnaí**

____ mé ar maidin.

____ mé mo phitseámaí díom.

____ mé m'aghaidh agus mo lámha.

1 Chuir mé mo chóta ____.

____ mé mo chuid éadaí orm.

2 Chuir tú do chóta ____.

____ mé mo bhricfeasta.

3 Chuir sé a chóta ____.

____ mé ar scoil go tapa.

4 Chuir sí a cóta ____.

____ mé déanach don scoil.

____ an múinteoir íde béil dom.

orm
ort
air
uirthi

Coc a dúdal dú!

Coc a dúdal dú!
Tá sé in am na ba a chrú
Ná cuirigí am amú
Coc a dúdal dú!

Scríobh an dán i do chóipleabhar.
1. Tarraing an coileach.
2. Tarraing na feirmeoirí.
3. Tarraing na ba.

Bí ag Caint

Ar Maidin

D'éirigh Niamh ar maidin ar leathuair tar éis a hocht.

Nigh sí a haghaidh agus a lámha.

Bhain sí a pitseámaí di.

Chuir sí a héide scoile uirthi.

Dúisigh, a Oisín. Tá sé fiche cúig chun a naoi.

Tá tuirse orm ar maidin.

Fuair Niamh gloine uisce.

Éirigh, a Oisín.

Dhoirt Niamh uisce ar Oisín.

Na déan é sin!

D'éirigh sé go tapa.

Obair Bheirte

1. Ar nigh Niamh a haghaidh?
2. Ar nigh Niamh a lámha?
3. Ar nigh Niamh a cosa?
4. Ar bhain sí a pitseámaí di?
5. Ar bhain sí a héide scoile di?
6. Ar chuir sí a héide scoile uirthi?
7. Ar chuir sí a pitseámaí uirthi?
8. Ar chuir sí a cóta uirthi?

Inné		
?	✓	✗
Ar nigh?	Nigh	Níor nigh
Ar bhain?	Bhain	Níor bhain
Ar chuir?	Chuir	Níor chuir

Bí ag Léamh

Bhain mé mo hata díom.

Bhain tú do chóta díot.

Bhain sé a scairf de.

Bhain sí a bróga di.

Líon na Bearnaí

1 mé: Bhain mé mo chóta ___.
2 sé: Bhain sé a hata ___.
3 tú: Bhain tú do scairf ___.
4 sí: Bhain sí a bróga ___.
5 Mamaí: Bhain sí a stocaí ___.
6 Daidí: Bhain sé a gheansaí ___.
7 Róisín: Bhain sí a sciorta ___.
8 Niamh: Bhain sí a gúna ___.
9 Ruairí: Bhain sé a léine ___.
10 Ciara: Bhain sí a cóta ___.

mé: díom
tú: díot
sé: de
sí: di

Aonad 2 Ceacht 4

An Nuacht

D'éirigh mé ar ceathrú tar éis a hocht ar maidin.

Bhí tuirse orm.

Chuaigh mé isteach sa seomra folctha.

Nigh mé m'aghaidh agus mo lámha.

Bhain mé mo phitseámaí díom.

Chuir mé mo chuid éadaí orm.

Rith mé síos an staighre.

D'ith mé mo bhricfeasta.

Rith mé ar scoil.

Bhí mé in am don scoil.

Ní raibh mé déanach don scoil.

An Aimsir

Dia daoibh, a chairde agus fáilte romhaibh.

Beidh sioc ann anocht.

Beidh sé ag cur seaca.

Beidh leac oighir ar an mbóthar.

Beidh sé an-fhuar.

Beidh gach duine préachta leis an bhfuacht.

Obair Bheirte

1 An bhfuil nuacht agat?   2 Cad a rinne tú ar maidin?

3 Cén saghas aimsire a bheidh ann inniu?

Suimeanna Focal

1

Cuir + fidh = _____.   Bain + ____ = _____.

Scéal

Bí ag Caint — An Féasta Mór

sicín   scian   torthaí   arán   crúiscín   feoil

Scríobh an Scéal

Fionn agus an Dragún

Oíche amháin, bhí ___ mór ar siúl sa chaisleán.

Bhí an ____ ag an bhféasta.

Bhí tine mhór ar lasadh sa ____.

Bhí _____ ag seinm ceoil.

Go tobann, tháinig ___ mór isteach sa chaisleán.

Bhí ___ ag teacht amach as a bhéal.

dragún	féasta
tinteán	ceoltóirí
tine	rí

Obair Bheirte

1. Cad a bhí ar siúl sa chaisleán?
2. An raibh an rí ag an bhféasta?
3. Ar mharaigh an rí an dragún?
4. Ar mharaigh an dragún Fionn?
5. Ar mharaigh Fionn an dragún?

Inné		
?	✓	✗
Ar mharaigh?	Mharaigh	Níor mharaigh

106

Aonad 1 Ceacht 1

1 Sa Bhaile

Bí ag Caint — An Gairdín

Bí ag Scríobh

1 Tá ___ os comhair an tí.

2 Tá ___ os comhair an tí.

3 Tá ___ os comhair an tí.

4 Tá ___ os comhair an tí.

5 Tá ___ os comhair an tí.

6 Tá ___ os comhair an tí.

7 Tá ___ os comhair an tí.

8 Tá ___ os comhair an tí.

An Gairdín

Tá gairdín ag m'athair
Atá lán de bhláthanna.
Tá gairdín ag m'athair
Atá lán de bhláthanna.

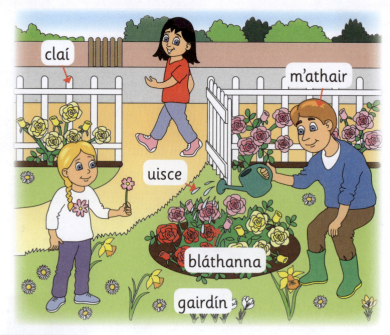

Cróc agus nóinín,
Lus an chromchinn.
Tar isteach i mo ghairdín.
Féach ar na bláthanna.
Tar isteach i mo ghairdín.
Tá bláthanna i ngach áit.

lus an chromchinn

 Scríobh an t-amhrán i do chóipleabhar.

1. Tarraing an gairdín.
2. Tarraing an t-athair, Róisín agus Niamh.
3. Tarraing na bláthanna.
4. Tarraing nóinín, cróc agus lus an chromchinn.

Scríobh na focail in aice leis na pictiúir.

Obair Bheirte

1 Tá Mamaí os comhair ___.   2 Tá Ruairí os comhair ___.

3 Tá Liam os comhair ___.   4 Tá Niamh os comhair ___.

5 Tá Mamó os comhair ___.

 ## Bí ag Scríobh

1 Tá _____ os mo chomhair.   2 Tá _____ os mo chomhair.

3 Tá _____ os mo chomhair.   4 Tá _____ os mo chomhair.

 ceoltóir    siopadóir    múinteoir    feirmeoir

Aonad 1 Ceacht 3

An Seomra Folctha

Bhí Niamh, Oisín agus Bran thuas staighre. Bhí Bran salach.

Chuaigh siad isteach sa seomra folctha. Chuir Oisín Bran isteach sa chithfholcadh.

Chuir Oisín an t-uisce ar siúl. Thug sé cithfholcadh dó.

Léim Bran amach as an gcithfholcadh. Thosaigh sé ag crith.

Bhí an seomra folctha salach agus fliuch.

Thriomaigh Niamh Bran leis an tuáille.

Thóg Niamh Bran amach as an seomra folctha.

Ghlan Oisín an leithreas.

Ghlan Niamh an báisín níocháin.

Ghlan Niamh an scáthán ar an mballa.

Ghlan Oisín an mata. Ghlan Niamh an t-urlár freisin.

Bhí an seomra folctha go deas glan arís.

Freagair na Ceisteanna

1 An raibh na páistí thuas staighre?

2 An raibh na páistí thíos staighre?

3 An raibh Bran salach?

4 An raibh Niamh salach?

5 An ndeachaigh na páistí isteach sa seomra folctha?

6 An ndeachaigh na páistí isteach sa chistin?

7 An ndeachaigh na páistí isteach sa seomra suí?

8 An ndeachaigh na páistí isteach sa seomra leapa?

Inné		
?	✓	✗
An raibh?	Bhí	Ní raibh
An ndeachaigh?	Chuaigh	Ní dheachaigh

Sa Bhaile – Aonad 1 Ceacht 3

Bí ag Caint — An Seomra Folctha

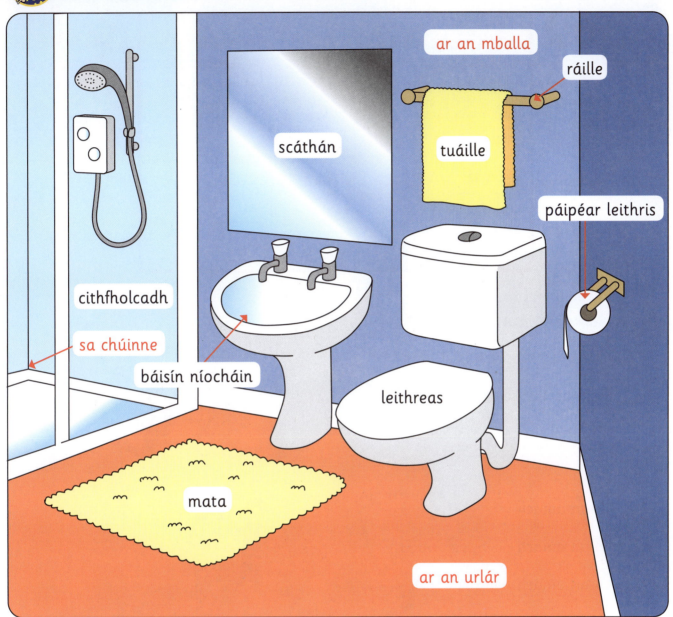

Scríobh an Scéal — An Seomra Folctha

Tá leithreas sa seomra ___.

Tá ___ sa chúinne.

Tá ___ ar an ráille.

Tá ___ ar an mballa.

Tá ___ in aice leis an leithreas.

Tá ___ ar an urlár.

Tarraing seomra folctha i do chóipleabhar.
Scríobh na focail in aice leis na pictiúir.

Aonad 1 Ceacht 4

Spraoi le Briathra

Ordú		
Inné h	**Gach Lá** ann eann	**Amárach** faidh fidh
Chuir sé	_____ sé	_____ sé
Ghlan sé	_____ sé	_____ sé
Thóg sé	_____ sé	_____ sé
Léim sé	_____ sé	_____ sé

Scríobh na hAbairtí

1   Chuir Oisín an t-uisce ar siúl inné.

___ Oisín an t-uisce ar siúl gach lá.

___ Oisín an t-uisce ar siúl amárach.

2   Léim Bran amach inné.

____ Bran amach gach lá.

____ Bran amach amárach.

3   Thóg Niamh Bran amach as an seomra folctha inné.

____ Niamh Bran amach as an seomra folctha gach lá.

____ Niamh Bran amach as an seomra folctha amárach.

4   Ghlan Oisín an scáthán inné.

___ Oisín an scáthán gach lá.

___ Oisín an scáthán amárach.

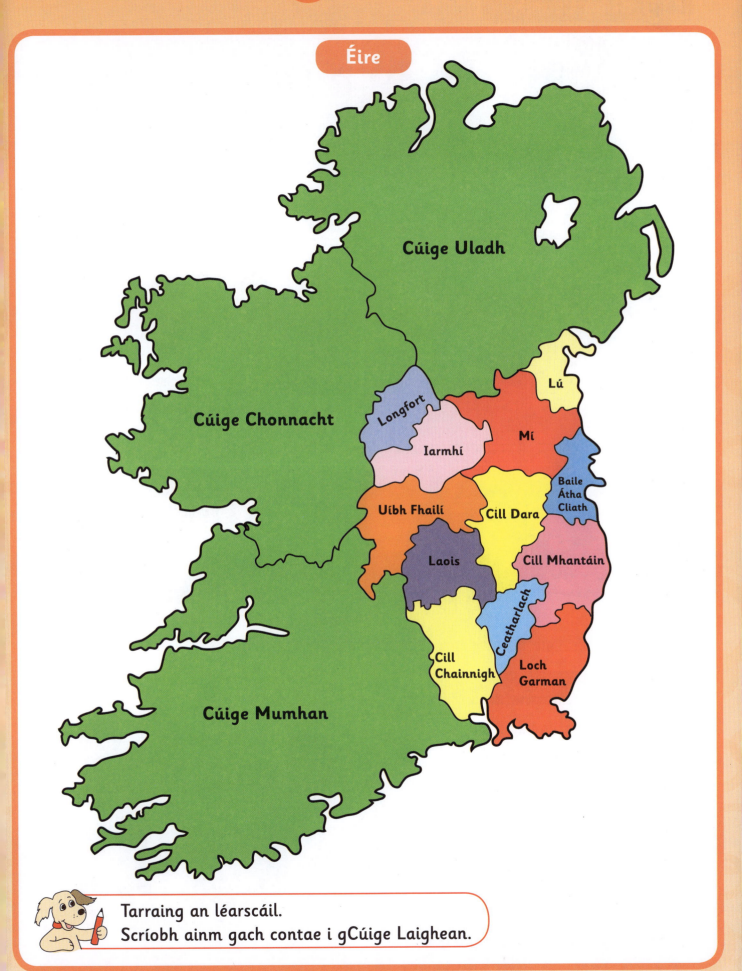

Aonad 2 Ceacht 2

Bí ag Léamh

D'éirigh Ruairí go moch ar maidin.

Chuaigh sé isteach sa seomra folctha. Nigh sé a aghaidh agus a lámha.

Scuab sé a fhiacla le scuab agus le taos fiacaile.

Chíor sé a chuid gruaige.

Bhain sé a phitseámaí de.

Chuir sé a éide scoile air.

Rith sé síos an staighre ar nós na gaoithe.

Bhí Mamaí agus Daidí ag ithe an bhricfeasta.

"Cén fáth a bhfuil d'éide scoile ort?"

"An Satharn atá ann."
"Rinne mé dearmad."

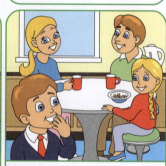
Thosaigh gach duine ag gáire.

Scríobh an Scéal

___ sé go moch ar maidin.

___ sé isteach sa seomra folctha.

___ sé a aghaidh agus a lámha.

___ sé a fhiacla.

___ sé a chuid gruaige.

___ sé a phitseámaí de.

___ sé a éide scoile air.

___ sé síos an staighre ar nós na gaoithe.

Sa Bhaile – Aonad 2 Ceacht 3

Scríobh na hAbairtí

1 Scuab Oisín a fhiacla le scuab agus le taos fiacaile inné.
  ___ Oisín a fhiacla le scuab agus le taos fiacaile gach lá.
  ___ Oisín a fhiacla le scuab agus le taos fiacaile amárach.

2 Chíor Oisín a chuid gruaige inné.
  ___ Oisín a chuid gruaige gach lá.
  ___ Oisín a chuid gruaige amárach.

3 Bhain Oisín a phitseámaí de inné.
  ___ Oisín a phitseámaí de gach lá.
  ___ Oisín a phitseámaí de amárach.

4 Chuir Oisín a éide scoile air inné.
  ___ Oisín a éide scoile air gach lá.
  ___ Oisín a éide scoile air amárach.

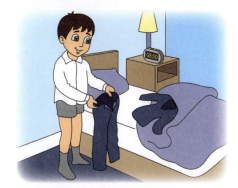

5 Rith Oisín síos an staighre ar nós na gaoithe inné.
  ___ Oisín síos an staighre ar nós na gaoithe gach lá.
  ___ Oisín síos an staighre ar nós na gaoithe amárach.

Tithe

Teach ag an seilide,
Teach beag cruinn.
Tugann sé leis é,
Ar a dhroim.

Teach ag an madra,
Amuigh sa chlós.
Doras breá mór ann,
Gan aon fhuinneog.

Teach ag an spideog,
Istigh i dtor.
Uibheacha beaga ann,
Éan ar gor.

Tithe deasa,
Iad go léir.
Ach is fearr go mór liom,
Mo theach beag féin.

Scríobh an dán i do chóipleabhar.

1. Tarraing an seilide.
2. Tarraing teach an mhadra sa chlós.
3. Tarraing éan ar gor sa nead.
4. Tarraing do theach féin.

Obair Bheirte

1. Ar éirigh Oisín go moch ar maidin?

    ___ Oisín go moch ar maidin.

2. Ar éirigh Ruairí go moch ar maidin?

    ___ Ruairí go moch ar maidin.

3. Ar nigh Oisín a aghaidh agus a lámha?

    ___ Oisín a aghaidh agus a lámha.

4. Ar scuab Oisín a fhiacla?

    ___ Oisín a fhiacla.

5. Ar chíor Oisín a chuid gruaige?

    ___ Oisín a chuid gruaige.

6. Ar bhain Liam a phitseámaí de?

    ___ Liam a phitseámaí de.

7. Ar chuir Ruairí a chuid éadaí air?

    ___ sé a chuid éadaí air.

8. Ar rith Liam suas an staighre?

    ___ Liam suas an staighre.

Aonad 3 Ceacht 1

Bí ag Caint — An Chistin

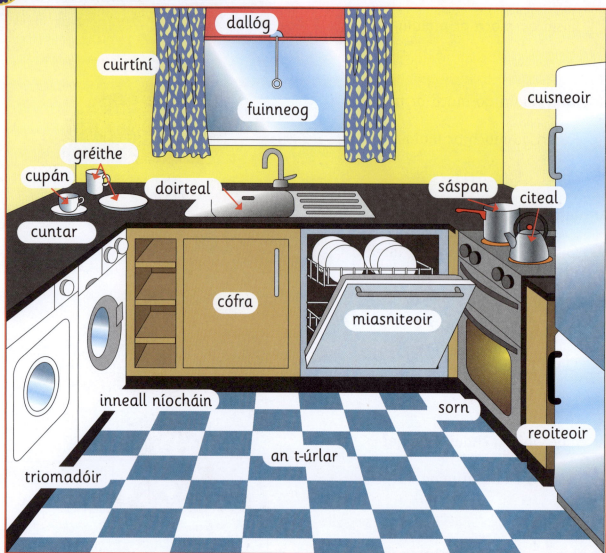

Bí ag Scríobh

1 Tá ___ agus ___ ar an bhfuinneog.

2 Tá ___ agus ___ ar an sorn.

3 Tá ___ in aice leis an sorn.

4 Tá ___ faoin doirteal.

5 Tá ___ sa chistin.

6 Tá ___ faoin gcuisneoir.

7 Tá ___ in aice leis an inneall níocháin.

8 Tá ___ ar an gcuntar.

Tarraing cistin i do chóipleabhar.
Scríobh na focail in aice leis na pictiúir.

Sa Bhaile – Aonad 3 Ceacht 2

Mamó i bhFeighil an Tí

Chuaigh Mamaí agus Daidí go dtí an siopa.

D'fhan Mamó agus na páistí sa bhaile. Bhí Mamó i bhfeighil an tí.

Thug Mamó milseáin do na páistí.

D'fhág Mamó an mála mór milseán ar an mbord.

Scuab Mamó an t-urlár.

Chuir Oisín na gréithe salacha sa mhiasniteoir.

Thóg Niamh na héadaí amach as an inneall níocháin agus chuir sí iad isteach sa triomadóir.

D'ith Ciara na milseáin go léir.

Thosaigh Ciara ag caoineadh.

Cad atá ort, a stór?

Tá pian i mo bholg.

'Tá Ciara tinn. D'ith sí na milseáin go léir,' arsa Niamh.

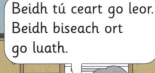
Beidh tú ceart go leor. Beidh biseach ort go luath.

 Freagair na Ceisteanna

1. Cé a chuaigh go dtí an siopa?
2. An ndeachaigh Mamó go dtí an siopa?
3. Ar fhan Mamó sa bhaile?
4. Ar fhan Daidí sa bhaile?
5. Cé a bhí i bhfeighil an tí?
6. Cé a scuab an t-urlár?

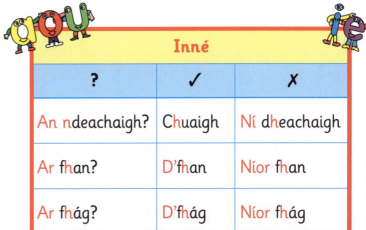

Inné		
?	✓	✗
An ndeachaigh?	Chuaigh	Ní dheachaigh
Ar fhan?	D'fhan	Níor fhan
Ar fhág?	D'fhág	Níor fhág

Aonad 3 Ceacht 3

Ciara Tinn

Bhí pian ina bolg ag Ciara aréir.

Níor chodail sí i rith na hoíche.

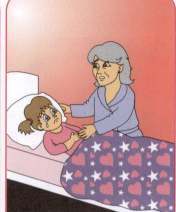
D'fhan Mamó léi.

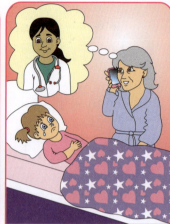
Ar maidin, chuir Mamó fios ar an dochtúir.

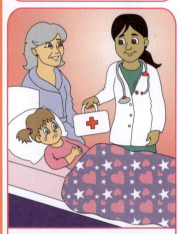
Tháinig an dochtúir.

Scrúdaigh an dochtúir Ciara.

Thug sí leigheas di.

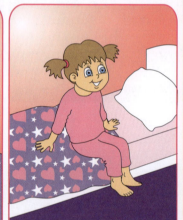
Bhí biseach uirthi go luath.

 Freagair na Ceisteanna

1. Cé a bhí tinn?
2. An raibh pian ag Ciara?
3. Ar chodail sí i rith na hoíche?
4. Ar fhan Mamó léi?
5. Ar fhan Niamh léi?
6. Cé a chuir fios ar an dochtúir?
7. Ar tháinig an dochtúir?
8. Ar scrúdaigh an dochtúir Ciara?
9. Ar scrúdaigh an dochtúir Mamó?
10. An raibh biseach uirthi go luath?

Inné		
?	✓	✗
Ar chodail?	Chodail	Níor chodail
Ar tháinig?	Tháinig	Níor tháinig
Ar scrúdaigh?	Scrúdaigh	Níor scrúdaigh

Sa Bhaile – Aonad 3 Ceacht 4

Spraoi le Briathra

Inné D'	Gach Lá ann eann	Amárach faidh fidh
D'fhan	Fanann	Fanfaidh
D'fhéach	_____	_____
D'fhág	_____	_____

Scríobh na hAbairtí

1 D'fhan Mamó agus na páistí sa bhaile inné.
   ____ Mamó agus na páistí sa bhaile gach lá.
   ____ Mamó agus na páistí sa bhaile amárach.

2 Fanfaidh Mamó agus na páistí sa bhaile amárach.
   D'fhan Mamó agus na páistí sa bhaile ____.
   Fanann Mamó agus na páistí sa bhaile ____.

3 D'fhág Mamó an mála mór milseán ar an mbord inné.
   ____ Mamó an mála mór milseán ar an mbord amárach.
   ____ Mamó an mála mór milseán ar an mbord gach lá.

4 Fágfaidh Mamó an mála mór milseán ar an mbord amárach.
   D'fhág Mamó an mála mór milseán ar an mbord ____.
   Fágann Mamó an mála mór milseán ar an mbord ____.

5 D'fhéach na páistí ar an teilifís inné.
   ____ na páistí ar an teilifís gach lá.
   ____ na páistí ar an teilifís amárach.

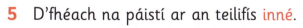

Obair Bheirte An Mhaighdean Mhara

Sa Bhaile – Scéal

1 Gheobhaidh mé ___ duit.   2 Gheobhaidh mé ___ duit.

3 Gheobhaidh mé ___ duit.   4 Gheobhaidh mé ___ duit.

5 Gheobhaidh mé ___ duit.   6 Gheobhaidh mé ___ duit.

7 Gheobhaidh mé ___ duit.   8 Gheobhaidh mé ___ duit.

9 Gheobhaidh mé ___ duit.   10 Gheobhaidh mé ___ duit.

11 Gheobhaidh mé ___ duit.   12 Gheobhaidh mé ___ duit.

tua	babhla siúcra	cupán	pláta
torthaí	fochupán	crúiscín	adhmad
scian	 forc	 spúnóg	 tráidire

Aonad 1 Ceacht 1

An Teilifís

Bí ag Caint — An Seomra Suí

Obair Bheirte

1 Cá bhfuil Daidí ina shuí?
2 Cá bhfuil Oisín ina shuí?
3 Cad atá sa tinteán?
4 Cá bhfuil Bran?
5 Cá bhfuil an grianghraf?
6 Cá bhfuil an pictiúr?
7 Cá bhfuil an scáthán?
8 Cá bhfuil an clog?
9 Cá bhfuil na cuirtíní?
10 Cá bhfuil an dallóg?

Tarraing an seomra suí i do chóipleabhar.
Scríobh na focail in aice leis na pictiúir.

Bí ag Léamh — An Sorcas

An tráthnóna a bhí ann. Chuaigh an chlann go dtí an sorcas.

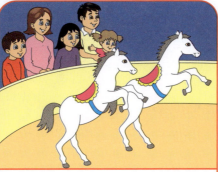

Chonaic siad capaill ag damhsa.

Bhí an madra ag seinm veidhlín.

Bhí bríste ar an gcat.

Tháinig leon. Bhí éan ar a shrón.

Bhí an moncaí gléasta mar gharda.

Bhí an luch ag marcaíocht ar mhuc.

Bhí an t-asal ag canadh amhráin.

Thaitin an sorcas go mór leis na páistí.

Obair Bheirte

1 Ar tháinig an sorcas?
2 An ndeachaigh Ciara go dtí an sorcas?
3 An ndeachaigh Róisín go dtí an sorcas?
4 An bhfaca siad capaill ag damhsa?
5 Cad a bhí ar siúl ag an madra?
6 Conas a bhí an moncaí gléasta?
7 Conas a bhí an cat gléasta?
8 Cad a bhí ar siúl ag an luch?
9 Cad a bhí ar siúl ag an asal?
10 Ar thaitin an sorcas leis na páistí?

An Sorcas

Seo chugainn an sorcas!
Tá an sorcas ag teacht!
Seo chugainn na capaill ag damhsa!
Féach ar an madra ag seinm veidhlín!
Féach ar an gcat is a threabhsar!

Féach ar an leon is an t-éan ar a shrón!
Seo moncaí is é gléasta mar gharda!
Féach ar an luch ag marcaíocht ar mhuc!
Is an t-asal ag canadh amhráin dó!

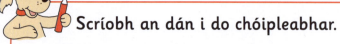 Scríobh an dán i do chóipleabhar.

1 Tarraing capaill ag damhsa.
2 Tarraing an madra ag seinm veidhlín.
3 Tarraing an cat is a threabhsar.
4 Tarraing an leon agus éan ar a shrón.
5 Tarraing moncaí is é gléasta mar gharda.
6 Tarraing an luch ag marcaíocht ar mhuc.
7 Tarraing an t-asal ag canadh amhráin.

An Teilifís – Aonad 1 Ceacht 3

Cén t-am é?

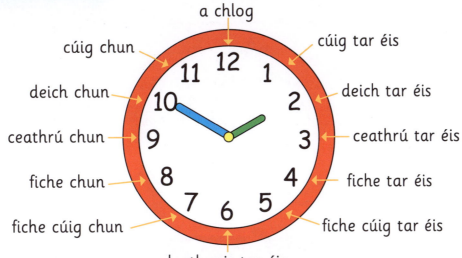

Scríobh an t-am

Tá sé ceathrú tar éis a trí.

1 a haon	2 a dó	3 a trí	4 a ceathair	5 a cúig	6 a sé
7 a seacht	8 a hocht	9 a naoi	10 a deich	11 a haon déag	12 a dó dhéag

Aonad 1 Ceacht 4

Sceideal Teilifíse

Clár		Am
Clár dúlra		3.15
Sorcas		3.45
Cartún		3.55
Seó Spóirt		4.20
Clár Ceoil		5.30
Nuacht		5.50
Tuar na hAimsire		6.25
Dráma		6.35

Obair Bheirte

1. Cén t-am a bheidh an clár dúlra ar siúl?
2. Cén t-am a bheidh an cartún ar siúl?
3. Cén t-am a bheidh an sorcas ar siúl?
4. Cén t-am a bheidh an seó spóirt ar siúl?
5. Cén t-am a bheidh an clár ceoil ar siúl?
6. Cén t-am a bheidh an nuacht ar siúl?
7. Cén t-am a bheidh tuar na haimsire ar siúl?
8. Cén t-am a bheidh an dráma ar siúl?

An Teilifís

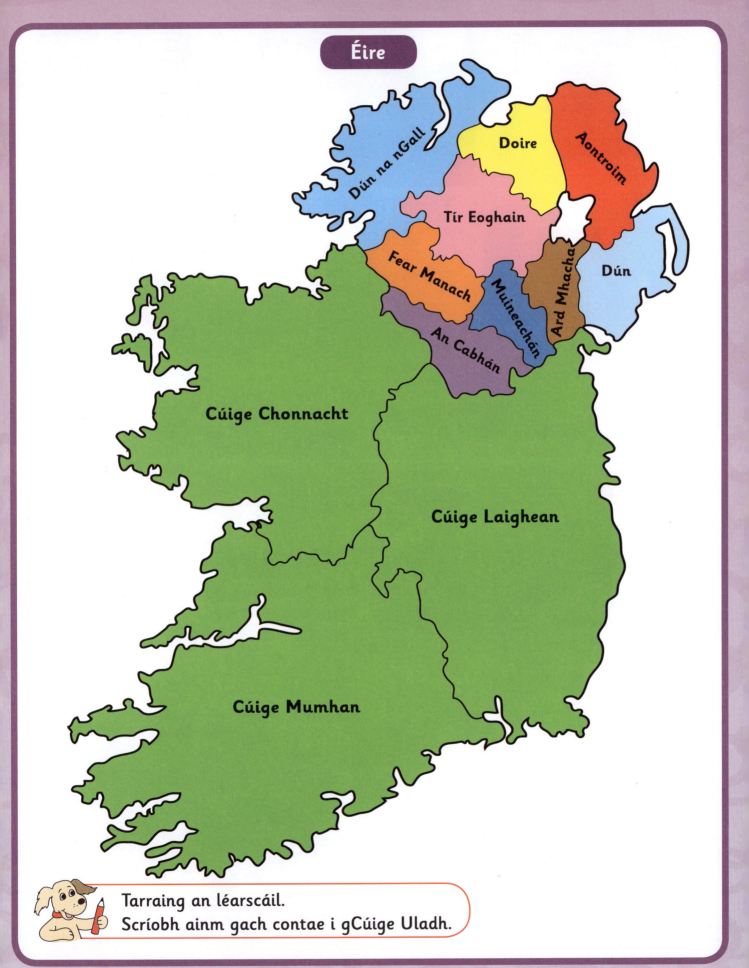

Tarraing an léarscáil.
Scríobh ainm gach contae i gCúige Uladh.

An Phictiúrlann

Chuaigh na páistí go dtí an phictiúrlann.
Bhí siad ar bís.

Bhí scannán uafáis ar siúl.

Chuala Ciara fathach fíochmhar.
Bhí eagla an domhain uirthi.

Scread sí.
Léim sí in airde.

Rith sí amach as an bpictiúrlann ar nós na gaoithe.

Lean Oisín agus Niamh í.

Ná bí buartha. Beidh tú ceart go leor.

Thug Oisín grán rósta di.
Bhí sí sona sásta arís.

Obair Bheirte

1. Cé a chuaigh go dtí an phictiúrlann?
2. Cad a bhí ar siúl?
3. Cad a chuala Ciara?
4. Ar scread Ciara?
5. Ar scread Oisín?
6. Ar léim Ciara in airde?
7. Ar rith Ciara amach as an bpictiúrlann?
8. Ar lean Niamh Ciara?

Inné		
?	✓	✗
Ar scread?	Scread	Níor scread
Ar léim?	Léim	Níor léim
Ar rith?	Rith	Níor rith
Ar lean?	Lean	Níor lean

An Fathach Fíochmhar

Fathach fíochmhar,
Is fuadar faoi.
Níl sé ag teacht,
Le bheith ag spraoi.
Súile dearga,
Fiacla géara,
Béarfaidh sé ortsa,
Cinnte béarfaidh.

Fí Fó Fum!
A deir sé.
Tá páiste uaim,
I gcomhair an tae.

Fí Fó Fum!
Tá fuadar faoi.
Béarfaidh sé ort,
A haon, a dó, a trí.

Scríobh an t-amhrán i do chóipleabhar.
Tarraing an fathach fíochmhar.

Aonad 2 Ceacht 3

Bí ag Caint

clár ceoil · clár spóirt · clár dúlra

cartún · sorcas · scannán uafáis

1. Ar fhéach tú ar an teilifís aréir?
   ___ mé ar an teilifís aréir.

2. Cad a bhí ar siúl?
   Bhí ___ ar siúl.

3. Ar thaitin sé leat?
   ___ sé liom.

Inné		
?	✓	✗
Ar fhéach?	D'fhéach	Níor fhéach
Ar thaitin?	Thaitin	Níor thaitin

Léim**e**amar · Scre**a**d**a**mar · D'fhé**a**ch**a**mar · Rith**e**amar

Suimeanna Focal

Inné
amar
eamar

1. Léim + _____ = _____.

2. Scread + ____ = _____.

3. Rith + _____ = _____.

4. D'fhéach + ____ = _____.

An Nuacht

Chuaigh mé go dtí an phictiúrlann aréir.
Bhí mé ar bís.
Bhí scannán uafáis ar siúl.
Thosaigh an scannán ar a hocht a chlog.
Chríochnaigh an scannán ar leathuair tar éis a naoi.
D'ith mé grán rósta agus milseáin.
D'ól mé oráiste.
Thaitin an scannán go mór liom.
Bhí an scannán ar fheabhas.

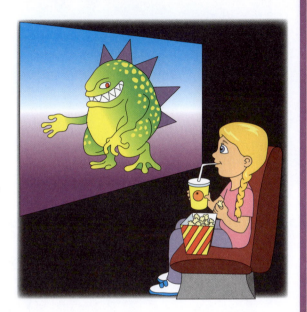

 ## An Aimsir

Beidh an lá fliuch.
Beidh sé ag cur báistí.
Beidh sé ag cur fearthainne.
Beidh na páistí fliuch báite.

 ### Obair Bheirte

1 An ndeachaigh Róisín go dtí an phictiúrlann?
2 Cad a bhí ar siúl?
3 Cén t-am a thosaigh an scannán?
4 Cén t-am a chríochnaigh an scannán?
5 Cad a d'ith sí?
6 Cad a d'ól sí?
7 Ar thaitin an scannán léi?
8 An raibh an scannán go maith?

 ### Líon na Bearnaí

1 mé: Thaitin an cartún ___.
2 sé: Thaitin an clár ceoil ___.
3 tú: Thaitin an nuacht ___.
4 sí: Thaitin an clár dúlra ___.
5 Liam: Thaitin an sorcas ___.
6 Róisín: Thaitin an sorcas ___.

mé: liom
tú: leat
sé: leis
sí: léi

Scríobh an Scéal

Rí na Sióg

Fadó, fadó, bhí ___ mór ar siúl i gcaisleán rí na sióg.

An Rí: Is mise an rí is ___ agus is mó ar domhan.

Eisirt: Tá rí in Éirinn atá i bhfad níos ___ ná tusa.

Bhí ___ an domhain ar an rí.

An Rí: Tabhair an ___ seo go dtí mo chaisleán nó maróidh mé thú.

Chuaigh Eisirt go hÉirinn le ___ draíochta.

| cruit | mó | féasta | rí | fearg | fearr |

 ## Freagair na Ceisteanna

1 An ndeachaigh Eisirt go hÉirinn?
2 An raibh cruit draíochta ag Eisirt?
3 Ar sheinn Eisirt ceol?
4 Cad a sheinn Eisirt?
5 Ar sheinn an rí ceol?
6 Ar sheinn an bhanríon ceol?
7 Cad a chonaic an rí agus an bhanríon sa chistin?
8 Cad a thug rí na sióg do rí na hÉireann?

Inné		
?	✓	✗
An ndeachaigh?	Chuaigh	Ní dheachaigh
An raibh?	Bhí	Ní raibh
Ar sheinn?	Sheinn	Níor sheinn

pota mór

bróga draíochta

cruit draíochta

Aonad 1 Ceacht 1

 Freagair na Ceisteanna

1. Cé mhéad airgid atá agat?
   Tá ___ euro agam.

2. Cé mhéad airgid atá agat?
   Tá ___ euro agam.

3. Cé mhéad airgid atá agat?
   Tá ___ euro agam.

4. Cé mhéad airgid atá agat?
   Tá ___ euro agam.

5. Cé mhéad airgid atá agat?
   Tá ___ euro agam.

6. Cé mhéad airgid atá agat?
   Tá ___ euro agam.

7. Cé mhéad airgid atá agat?
   Tá ___ euro agam.

8. Cé mhéad airgid atá agat?
   Tá ___ euro agam.

9. Cé mhéad airgid atá agat?
   Tá ___ euro agam.

10. Cé mhéad airgid atá agat?
    Tá ___ euro agam.

10 deich	20 fiche	30 tríocha	40 daichead	50 caoga
60 seasca	70 seachtó	80 ochtó	90 nócha	100 céad

Beidh Aonach Amárach

Beidh aonach amárach i gContae an Chláir.
Beidh aonach amárach i gContae an Chláir.
Beidh aonach amárach i gContae an Chláir.
Cén mhaith dom é? Ní bheidh mé ann.

'S a mháithrín, an ligfidh tú chun aonaigh mé?
'S a mháithrín, an ligfidh tú chun aonaigh mé?
'S a mháithrín, an ligfidh tú chun aonaigh mé?
'S a mhúirnín ó, ná héiligh é.

Níl tú a deich nó a haon déag fós.
Níl tú a deich nó a haon déag fós.
Níl tú a deich nó a haon déag fós.
Nuair a bheidh tú trí déag beidh tú mór.

Táimse i ngrá le gréasaí bróg.
Táimse i ngrá le gréasaí bróg.
Táimse i ngrá le gréasaí bróg.
Mura bhfaighidh mé é ní bheidh mé beo.

B'fhearr liom féin mo ghréasaí bróg.
B'fhearr liom féin mo ghréasaí bróg.
B'fhearr liom féin mo ghréasaí bróg.
Ná oifigeach airm faoi lásaí óir.

Scríobh an t-amhrán i do chóipleabhar.
Tarraing pictiúr.

Aonad 1 Ceacht 2

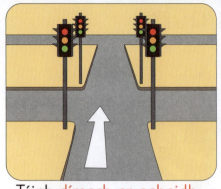 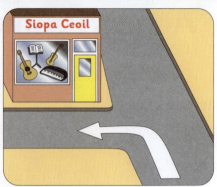 

Téigh <u>díreach ar aghaidh</u> ag na soilse tráchta.   Cas <u>ar chlé</u> ag an siopa ceoil.   Cas <u>ar dheis</u> ag oifig an phoist.

 Obair Bheirte

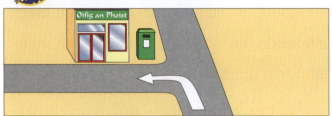
Cas ar clé ag oifig an phoist.

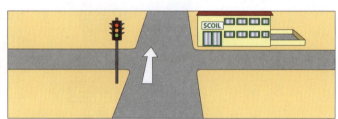
Téigh ___ ___ ___ ag an scoil.

Cas ___ ___ ag an siopa bréagán.

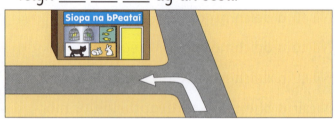
Cas ___ ___ ag siopa na bpeataí.

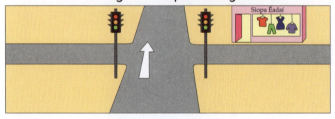
Téigh ___ ___ ___ ag na soilse tráchta.

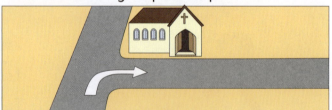
Cas ___ ___ ag an séipéal.

Cas ___ ___ ag an siopa bia.

Téigh ___ ___ ___ ag an siopa spóirt.

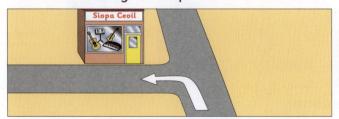
Cas ___ ___ ag an siopa ceoil.

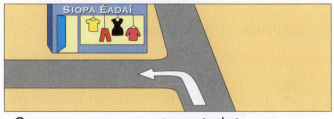
Cas ___ ___ ag an siopa éadaí.

Bí ag Léamh

Líon na Bearnaí

1 **mé:** Tá bróga spóirt ag teastáil ___.

2 **sí:** Tá camán ag teastáil ___.

3 **tú:** Tá liathróid ag teastáil ___.

4 **sé:** Tá bríste gearr ag teastáil ___.

5 **Oisín:** Tá sliotar ag teastáil ___.

6 **Róisín:** Tá téad scipeála ag teastáil ___.

7 **Ruairí:** Tá clogad ag teastáil ___.

8 **Niamh:** Tá camán ag teastáil ___.

9 **Liam:** Tá bróga spóirt ag teastáil ___.

10 **Mamaí:** Tá bríste gearr ag teastáil ___.

mé: uai**m**
tú: uai**t**
sé: uai**dh**
sí: uai**thi**

Aonad 1 Ceacht 4

Bí ag Caint

Obair Bheirte

1 Cé mhéad atá ar an gclogad gorm?
   Ochtó euro.

2 Cé mhéad atá ar an gclogad dearg?
   ___ euro.

3 Cé mhéad atá ar an ngeansaí spóirt?

4 Cé mhéad atá ar an mbríste gearr?

5 Cé mhéad atá ar na bróga spóirt?

6 Cé mhéad atá ar an gcamán?

7 Cé mhéad atá ar an liathróid?

8 Cé mhéad atá ar an téad scipeála?

9 Cé mhéad atá ar an mbríste?

10 Cé mhéad atá ar an t-léine?

Aonad 2 Ceacht 1

Bí ag Léamh — San Ollmhargadh

An Satharn a bhí ann.
Chuaigh Mamaí go dtí an baile mór.
Bhí na páistí in éineacht le Mamaí.
Bhí slua mór sa bhaile mór.

Chuaigh siad isteach san ollmhargadh.
Bhí a lán daoine san ollmhargadh freisin.

Bhí Ciara ina suí sa tralaí.
Thóg Ciara bosca milseán.
Leag sí a lán boscaí.

Bhí fearg ar an siopadóir.
Phioc Oisín agus Niamh suas na boscaí milseán.
Chuir siad iad ar an tseilf.

Tá brón orainn.

Ná bí buartha.
Tá sé ceart go leor.

Spraoi le Briathra

	Inné	
Ar?	✓	**Níor**
Ar thóg sí?	____ __	____ __
Ar leag sí?	____ __	____ __
Ar phioc sí?	____ __	____ __

Obair Bheirte

1 Cén lá a bhí ann?
2 An ndeachaigh Mamaí go dtí an baile mór?
3 An raibh Daidí in éineacht le Mamaí?
4 An raibh a lán daoine sa bhaile mór?
5 Ar thóg Oisín bosca milseán?
6 Ar thóg Ciara bosca milseán?
7 Ar leag Oisín a lán boscaí?
8 Ar leag Ciara a lán boscaí?
9 Ar phioc Oisín suas na boscaí milseán?
10 Ar phioc Ciara suas na boscaí milseán?

Neilí an Bhó

'Haigh-dí, daidh-dí,
Daighdil-dí-dó!
Is aoibhinn liom ceol,'
A deir Neilí an Bhó.

'Ceannóidh mé pianó
Thíos ag an stór,
Is seinnfidh mé haigh-dí
Daighdil-dí-dó!'

Fuair Neilí an pianó
Thíos ag an stór,
Is ní dhéanann sí tada
Ach seinm is gleo!

Ní thálann sí bainne
Ach uair sa ló;
Is fearr léi an haigh-dí,
Daighdil-dí-dó!

Scríobh an dán i do chóipleabhar.
Tarraing pictiúr.

Líon na Bearnaí

1 **mé:** Tá Ciara in éineacht ___.

2 **sí:** Tá Ciara in éineacht ___.

3 **tú:** Tá Ciara in éineacht ___.

4 **sé:** Tá Ciara in éineacht ___.

5 **Oisín:** Tá Ciara in éineacht ___.

6 **Niamh:** Tá Ciara in éineacht ___.

mé: liom
tú: leat
sé: leis
sí: léi

 ### Spraoi le Briathra

	Inné **h**	**Gach Lá** **a**nn **e**ann	**Amárach** **fa**idh **fi**dh
Th**ó**g sí	_____ sí	_____ sí
Le**a**g sí	_____ sí	_____ sí
Phi**o**c sí	_____ sí	_____ sí

 ### Scríobh na hAbairtí

1 Thóg Ciara bosca milseán inné.
   ___ Ciara bosca milseán gach lá.
   ___ Ciara bosca milseán amárach.

2 Leag Ciara bosca milseán inné.
   ___ Ciara bosca milseán gach lá.
   ___ Ciara bosca milseán amárach.

3 Phioc Oisín suas an bosca milseán inné.
   ___ Oisín suas an bosca milseán gach lá.
   ___ Oisín suas an bosca milseán amárach.

Aonad 2 Ceacht 3

Bí ag Caint

Bí ag Léamh — An Siopa Spóirt

Bhí an siopadóir taobh thiar den chuntar.
Bhí airgead ar an gcuntar freisin.
Bhí liathróid dhearg faoin gcuntar.
Bhí bríste gearr agus téad scipeála sa tralaí.

Bhí clogad gorm ar an gcuntar.
Bhí camán in aice leis an gcuntar.
Bhí tralaí os comhair an chuntair.
Bhí Mamaí ag an doras.

Obair Bheirte

1 Cá raibh an siopadóir?
2 Cá raibh an camán?
3 Cá raibh an t-airgead?
4 Cá raibh an clogad gorm?
5 Cá raibh an liathróid dhearg?
6 Cá raibh an tralaí?
7 Cá raibh an bríste gearr?
8 Cá raibh Mamaí?
9 Cá raibh an clogad dearg?
10 Cá raibh Ciara?

An Nuacht

Chuaigh mé go dtí an baile mór.
Bhí Mamaí in éineacht liom.
Bhí slua mór sa bhaile mór.
Chuaigh mé go dtí an siopa spóirt.
Cheannaigh mé bróga spóirt nua.
Bhí siad go hálainn ar fad.
Bhí mé an-sásta.

 ## An Aimsir

An aimsir, á léamh ag Oisín.
Beidh scamaill sa spéir.
Beidh an lá scamallach.
Beidh gaoth láidir ag séideadh freisin.
Beidh an lá gaofar.

 ## Obair Bheirte

1. An ndeachaigh Niamh go dtí an baile mór?
2. An ndeachaigh Oisín go dtí an baile mór?
3. An raibh Mamaí in éineacht léi?
4. An raibh Daidí in éineacht léi?
5. An raibh slua sa bhaile mór?
6. Cad a cheannaigh sí?
7. An raibh Niamh sásta?
8. Cén saghas aimsire a bheidh ann inniu?

Scéal

An Bradán Feasa

Tarraing an pictiúr i do chóipleabhar.
Scríobh na focail in aice leis na pictiúir.

Bí ag Caint — An Bradán Feasa

- Rug mé ar an mbradán feasa.
- an ghrian ag spalpadh anuas
- ag iascaireacht
- ar bhruach na habhann
- an bradán feasa
- in éineacht le Finnéigeas

Freagair na Ceisteanna

1. Cén saghas lae a bhí ann?
2. Cá raibh Fionn?
3. Cad a bhí ar siúl ag Finnéigeas?
4. Cé a bhí in éineacht le Finnéigeas?
5. Ar rug Fionn ar an mbradán feasa?
6. Ar rug Finnéigeas ar an mbradán feasa?

Bí ag Scríobh

1. Is ____ é.
2. Is ____ é.
3. Is ____ é.
4. Is ____ é.
5. Is ____ é.
6. Is ____ é.
7. Is ____ é.
8. Is ____ é.

 bradán feasa
 teach
 gréasaí bróg
 tarbh

 rón
 cú
 éan
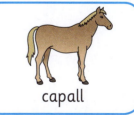 capall

Ceacht 1

Lá 'le Pádraig

Lá 'le Pádraig

Lá 'le Pádraig,
Bratach dheas,
Lá saoire,
Seamróg ghlas.

Banna ceoil,
Ag dul thar bráid.
Spórt is spraoi,
Ar an tsráid.

Bí ag Caint

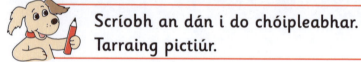

Scríobh an dán i do chóipleabhar.
Tarraing pictiúr.

Beannachtaí na Féile Pádraig

bratach, seamróg, ag dul thar bráid, tóin thar cheann, veidhlín, Naomh Pádraig, bodhrán, ag seinm ceoil, spórt is spraoi, druma, feadóg stáin, ar an tsráid

Tarraing an pictiúr.
Scríobh abairtí faoin bpictiúr.

Bí ag Léamh — Lá 'le Pádraig

Lá 'le Pádraig a bhí ann.
Bhí lá saoire ag na páistí ón scoil.
Bhí paráid ar siúl sa bhaile mór.

Bhí Mamaí, Daidí agus Ciara ag féachaint ar an bparáid.
Bhí bratach ag Ciara.
Bhí an bhratach glas, bán agus órga.

Chaith Mamaí seamróg ghlas.
Chaith Daidí hata glas.
Chonaic siad banna ceoil ag dul thar bráid.

Bhí na páistí ag seinm ceoil sa pharáid.
Sheinn Ruairí an bodhrán.
Sheinn Niamh an fheadóg stáin.
Sheinn Oisín an druma.
Sheinn Róisín an veidhlín.

Bhí Liam ag damhsa.
Chuaigh Liam tóin thar cheann.

Bhí Ciara sna trithí ag gáire.
Bhí spórt agus spraoi ag gach duine.
'Beannachtaí na féile Pádraig,' arsa na páistí.

Obair Bheirte

1. Cén lá a bhí ann?
2. An raibh lá saoire ag na páistí ón scoil?
3. Cad a bhí ar siúl sa bhaile mór?
4. Cé a bhí ag féachaint ar an bparáid?
5. Cad a bhí ag Ciara?
6. Cén dath a bhí ar an mbratach?
7. Ar chaith Mamaí seamróg ghlas?
8. Ar chaith Daidí seamróg ghlas?
9. Cad a sheinn Ruairí?
10. Ar sheinn Oisín an fheadóg stáin?

?	✓	✗
Ar chaith?	Chaith	Níor chaith
Ar sheinn?	Sheinn	Níor sheinn

An Leipreachán

Bhí leipreachán ina shuí faoin gcrann,
ina shuí faoin gcrann, ina shuí faoin gcrann,
Bhí leipreachán ina shuí faoin gcrann,
Is é ag deisiú bróige.

Oró mo Dhaideó *(x 4)*
Ó Ó Ó!

Bhí hata ar a cheann aige,
ar a cheann aige, ar a cheann aige,
Bhí hata ar a cheann aige,
Is é ag deisiú bróige.

Bhí seamróg ar a chóta aige,
ar a chóta aige, ar a chóta aige,
Bhí seamróg ar a chóta aige,
Is é ag deisiú bróige.

Bhí casúr ina lámh aige,
ina lámh aige, ina lámh aige,
Bhí casúr ina lámh aige,
Is é ag deisiú bróige.

Bhí bratach ar foluain aige,
ar foluain aige, ar foluain aige,
Bhí bratach ar foluain aige,
Is é ag deisiú bróige.

Bhí áthas ina chroí aige,
ina chroí aige, ina chroí aige,
Bhí áthas ina chroí aige,
Is é ag deisiú bróige.

Scríobh an t-amhrán i do chóipleabhar.
Tarraing pictiúr.

An Cháisc

Damhsa na gCoiníní

Damhsa na gcoiníní i ngarraí na heorna.
An coinín ab óige bhris sí a cos.
An coinín ba shine rinne sé uachta,
Is thit sé ar a thóin i dtoimín na mbrobh.

Scríobh an t-amhrán i do chóipleabhar.
Tarraing pictiúr.

Bí ag Caint

Tarraing an pictiúr.
Scríobh na focail in aice leis na pictiúir.

Ceacht 2

Obair Bheirte — Cé mhéad?

 ceann amháin
 dhá cheann
 trí cinn
 ceithre cinn
 cúig cinn

 sé cinn
 seacht gcinn
 ocht gcinn
 naoi gcinn
 deich gcinn

Bí ag Scríobh

 dhá cheann
 _____
 _____
 _____

 _____
 _____
 _____
 _____

 naoi gcinn
 _____
 _____
 _____

 _____
 _____
 _____
 _____

An Cháisc – Ceacht 3

 Bí ag Léamh

An Cháisc a bhí ann. Thug Mamó uibheacha Cásca do na páistí.

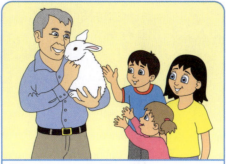
Cheannaigh Daideo coinín bán do na páistí. Bhí an coinín go hálainn.

Thug Ciara leitís agus cairéad don choinín. D'ith an coinín an leitís agus an cairéad.

Thug Niamh uisce don choinín. D'ól an coinín an t-uisce.

Thug Oisín aire don choinín. Bhí an coinín an-sásta.

Thaitin an coinín go mór leis na páistí.

 Obair Bheirte

1. Cad a thug Mamó do na páistí?
2. Cad a thug Daideo do na páistí?
3. Ar thug Daidí coinín do na páistí?
4. An raibh an coinín go deas?
5. Cé a thug leitís don choinín?
6. Cad a thug Niamh don choinín?
7. Ar ith an coinín leitís?
8. Cén dath a bhí ar an gcoinín?

 Tarraing coinín.

Cuir súile agus cluasa air.
Cuir srón agus béal air.
Cuir eireaball air.
Tabhair ciseán dó.
Cuir uibheacha sa chiseán.

Ceacht 1

An Samhradh

 Obair Bheirte

20 Meitheamh = <u>An fichiú lá de Mheitheamh</u>   17 Meitheamh = _____

25 Meitheamh = _____   9 Meitheamh = _____

15 Meitheamh = _____   18 Meitheamh = _____

10 Meitheamh = _____   26 Meitheamh = _____

23 Meitheamh = _____   30 Meitheamh = _____

An Samhradh

Ní fada uainn an samhradh,
An samhradh, an samhradh.
Ní fada uainn an samhradh,
An samhradh álainn séimh.

Éist le ceol na cuaiche,
Na cuaiche, na cuaiche.
Éist le ceol na cuaiche,
Ag fógairt an scéil.

Fáilte roimh an samhradh,
An samhradh, an samhradh.
Fáilte roimh an samhradh,
An samhradh álainn séimh.

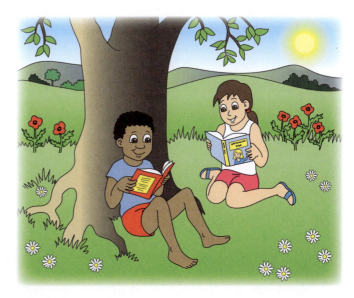

Scríobh an t-amhrán i do chóipleabhar.
Tarraing pictiúr.

Ceacht 2

Bí ag Caint — Cois Farraige

Freagair na Ceisteanna

1. Cá bhfuil an t-iasc?
   Tá an t-iasc ___ ___.

2. Cá bhfuil an sliogán?
   Tá an sliogán ___ ___ ___.

3. Cá bhfuil an bhratach?

4. Cá bhfuil an buicéad?

5. Cá bhfuil Róisín ina suí?

6. Cá bhfuil Bran?

7. Cá bhfuil an portán?

8. Cad atá ar siúl ag an bhfear sa bhád?

9. Cad atá ar siúl ag Mamaí?

10. Cad atá ar siúl ag Ciara?

11. Cad atá ar siúl ag Oisín agus Liam?

12. Cad atá ar siúl ag Niamh?

Bí ag Léamh — Cois Farraige

An samhradh a bhí ann.
Bhí an aimsir go hálainn.
Bhí an ghrian ag taitneamh go hard sa spéir.
Bhí na páistí ar laethanta saoire cois farraige.

Bhí Ciara agus Mamó ag lapadáil.
Chonaic siad portán agus iasc san uisce.
Bhí Oisín ina luí faoi theas na gréine ar an trá.
Bhí sé ag crú na gréine.

Rinne Niamh caisleán mór.
Chuir sí bratach ar an gcaisleán.

Bhailigh Ruairí sliogáin.
Fuair sé sliogán an-mhór in aice leis an gcarraig.

Chuaigh Róisín agus Daideo ag iascaireacht.

Chuaigh Bran ag snámh san uisce.
Nuair a tháinig sé amach as an uisce, bhí sé fliuch báite.

Rith Bran go dtí Oisín.
Chonaic Oisín Bran ag teacht.
Léim sé in airde.

Rith Oisín ar nós na gaoithe.
Rith Bran go tapa freisin.
Bhí spórt agus scléip ag na páistí cois farraige.

Obair Bheirte

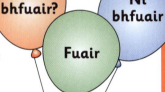

1. Cén saghas aimsire a bhí ann?
2. Céard a chonaic Ciara san uisce?
3. Céard a rinne Niamh?
4. Céard a chuir sí ar an gcaisleán?
5. Cé a bhí ag iascaireacht?
6. Cé a bhí ag crú na gréine?

Scríobh na hAbairtí

1. An bhfuair Ruairí sliogán?
2. An bhfuair Róisín sliogán?
3. An bhfuair Oisín sliogán?
4. An bhfuair Niamh sliogán?

Ceacht 4

Obair Bheirte — An mó duine?

1. An mó duine atá ag imirt peile?
2. An mó duine atá ag snámh?
3. An mó duine atá sa bhád?
4. An mó duine atá ag lapadáil?
5. An mó duine atá ag crú na gréine?
6. An mó duine atá ar an gcarraig?

 duine amháin   beirt   triúr   ceathrar  cúigear  seisear

Obair Bheirte

1. An ndeachaigh tú go dtí an trá?
2. Cén saghas aimsire a bhí ann?
3. An raibh an ghrian ag taitneamh?
4. An bhfuair tú uachtar reoite?
5. Cad a chonaic tú?
6. An bhfaca tú portán?
7. An ndearna tú caisleán?
8. An raibh tú ag lapadáil?
9. An raibh tú ag snámh?
10. An raibh tú ag crú na gréine?

Inné		
?	✓	✗
An ndeachaigh?	Chuaigh	Ní dheachaigh
An raibh?	Bhí	Ní raibh
An bhfuair?	Fuair	Ní bhfuair
An ndearna	Rinne	Ní dhearna
An bhfaca?	Chonaic	Ní fhaca

Struchtúr Abairte agus Gramadach

Spraoi le Briathra

Ordú	
✓	✗ Ná
Dún	Ná dún
Glan	__ ___
Tóg	__ ___
Bris	__ ___
Cuir	__ ___
Béic	__ ___
Déan	__ ___
Rith	__ ___
Pioc	__ ___
Beir	__ ___
Caith	__ ___
Seas	__ ___
Buail	__ ___
Léim	__ ___
Seinn	__ ___
Scuab	__ ___
Féach	__ ___
Fan	__ ___
Fág	__ ___

Ordú	
Tú	Sibh *igí* *aigí*
Dún	Dúnaigí
Glan	_____
Tóg	_____
Bris	_____
Cuir	_____
Scuab	_____
Béic	_____
Déan	_____
Rith	_____
Pioc	_____
Beir	_____
Caith	_____
Seas	_____
Buail	_____
Léim	_____
Seinn	_____
Féach	_____
Fan	_____
Fág	_____

Dul Siar

Inné **h**	Gach Lá **a**nn **e**ann	Amárach f**a**idh f**i**dh
Dhún sí	___	___
Chuir sí	___	___
Bhris sí	___	___
Bhéic sí	___	___
Thóg sí	___	___
Ghlan sí	___	___
Rith sí	___	___
Léim sí	___	___

Inné **h**	Gach Lá **a**nn **e**ann	Amárach f**a**idh f**i**dh
Chan sí	___	___
Chas sí	___	___
Chaith sí	___	___
Phioc sí	___	___
Sheas sí	___	___
Sheinn sí	___	___
Scread sí	___	___
Scríobh sí	___	___

Inné **D'**	Gach Lá **a**nn **e**ann	Amárach f**a**idh f**i**dh
D'ól sí	Ólann	___
D'éist sí	___	___

Ceisteanna – Inné		
Ar?	✓	Níor
Ar thóg sé?	___	__ ___
Ar bhuail sé?	___	__ ___
Ar sheas sé?	___	__ ___
Ar sheinn sé?	___	__ ___
Ar chaith sé?	___	__ ___
Ar ghortaigh sé?	___	__ ___
Ar thosaigh sé	___	__ ___

Inné **D'fh**	Gach Lá **a**nn **e**ann	Amárach f**a**idh f**i**dh
D'fhan sí	Fanann	___
D'fhág sí	___	___
D'fhéach sí	___	___

Ceisteanna – Inné		
An?	✓	Ní
An raibh sé?	___	__ ___
An bhfaca sé?	___	__ ___
An ndeachaigh sé?	___	__ ___
An ndúirt sé?	___	__ ___
An bhfuair sé?	___	__ ___
An ndearna sé?	___	__ ___

Líon na Bearnaí (Réamhfhocail)

orm / ort / air / uirthi

1. mé: Tá cóta ___.
2. sé: Tá hata ___.
3. sí: Tá gúna ___.
4. tú: Tá bríste ___.
5. Niamh: Tá bróga ___.
6. Oisín: Tá léine ___.

dom / duit / dó / di

1. mé: Niamh is ainm ___.
2. sé: Pól is ainm ___.
3. sí: Róisín is ainm ___.
4. tú: Oisín is ainm ___.
5. sí: Ciara is ainm ___.
6. sé: Liam is ainm ___.

agam / agat / aige / aici

1. mé: Tá peann ___.
2. sé: Tá leabhar ___.
3. sí: Tá mála ___.
4. tú: Tá rialóir ___.
5. Niamh: Tá bioróir ___.
6. Oisín: Tá scriosán ___.

uaim / uait / uaidh / uaithi

1. mé: Tá úll ___.
2. sé: Tá ubh ___.
3. sí: Tá arán ___.
4. tú: Tá banana ___.
5. Niamh: Tá im ___.
6. Oisín: Tá subh ___.

díom / díot / de / di

1. Bhain mé mo chóta ___.
2. Bhain tú do chóta ___.
3. Bhain sé a chóta ___.
4. Bhain sí a cóta ___.
5. Bhain Niamh a cóta ___.
6. Bhain Liam a chóta ___.

liom / leat / leis / léi

1. mé: Tháinig Ciara in éineacht ___.
2. sé: Tháinig Bran in éineacht ___.
3. sí: Tháinig Niamh in éineacht ___.
4. tú: Tháinig Róisín in éineacht ___.

Nótaí